인류 최고의 설득술, 프렙

인류 최고의 설득술, 프렙

2017년 4월 7일 초판 1쇄 | 2019년 6월 11일 4쇄 발행
지은이 · 김은성
펴낸이 · 김상현, 최세현 | 경영고문 · 박시형

책임편집 · 김형필, 조아라 | 디자인 · 최우영
마케팅 · 김명래, 권금숙, 양봉호, 임지윤, 최의범, 조히라, 유미정
경영지원 · 김현우, 강신우 | 해외기획 · 우정민
펴낸곳 · ㈜쌤앤파커스 | 출판신고 · 2006년 9월 25일 제406-2006-000210호
주소 · 경기도 파주시 회동길 174 파주출판도시
전화 · 031-960-4800 | 팩스 · 031-960-4806 | 이메일 · info@smpk.kr

ⓒ 김은성 (저작권자와 맺은 특약에 따라 검인을 생략합니다)
ISBN 978-89-6570-435-5 (03320)

쌤앤파커스(Sam&Parkers)는 독자 여러분의 책에 관한 아이디어와 원고 투고를 설레는 마음으로 기다리고
있습니다. 책으로 엮기를 원하는 아이디어가 있으신 분은 이메일 book@smpk.kr로 간단한 개요와 취지,
연락처 등을 보내주세요. 머뭇거리지 말고 문을 두드리세요. 길이 열립니다.

이 책은 방일영 문화재단의 지원을 받아 저술·출판 되었습니다.

인류 최고의 설득술
PREP
[프렙]

김은성 지음

쌤앤
파커스

말하기는 가장 넓은 분야를 포괄하는 지식이다.
지식 없이 말하는 것은 텅 빈 수레이다.

_키케로 Marcus Tullius Cicero

고대 수사학과 함께해온
인류 최고의 설득술

뉴욕으로 가는 비행기 안에 고릴라 300마리가 탔다고 가정해보자. 이 고릴라들을 일반 좌석에 앉히고 10시간 동안 비행을 한다면 어떻게 될까? 10시간 후면 털이 빠진 고릴라, 귀가 물어뜯긴 고릴라, 피를 흘리는 고릴라 등 난장판이 되어 있을 것이다. 반면 300명의 인간이 탄 비행기라면? '인간'은 고릴라와 달리 참고 인내하며 10시간을 견딘다. 함께 탄 다른 인간들과의 관계를 유지하면서 말이다.

이 상황의 차이는 인간이 가진 '협력'이라는 특성으로 설명할 수 있다. 쉬운 예로 우리가 먹는 아침 식탁도 협력의 산물이다. 물론 돈이라는 재화가 투여되기는 하지만 신선한 농산물을 재배하는 농부, 시장에서 사고파는 유통업자, 부엌에서 요리하는 어머니… 여러 사람의 협력과 단계를 통해 오늘도 우리는 아침을 먹는다. 인간 개개인은 이기적일지 몰라도, 인간이라는 집단 전체를 봤을 때는 '협력하는 존재'로서의 특성을 분명히 가지고 있다.

인류는 진화를 통해 발전했다. 다윈(Charles Darwin)이 말한 것처럼 진화의 핵심은 '변이(mutation)'와 '선택(selection)'이다. 변이를 통해 다양성이 보장되었고 선택을 통해 우성인자만이 살아남았다. 그런데 자연의 여러 가지 모습을 보면 변이와 선택만으로 모든 것이 설명되지는 않는다. 사자는 먹이를 잡기 위해 다른 사자와 협력하고, 미어캣은 목숨을 걸고 공동의 서식지를 지킨다. 개미는 공동체를 위해 노력을 아끼지 않는다.

1980년 메릴랜드대 제럴드 윌킨슨(Gerald Wilkinson) 교수는 흡혈박쥐의 상호이타성, 즉 그들의 협력관계를 밝혀냈다. 박쥐 무리의 1/3 정도는 하루에 필요한 피를 충분히 섭취하지 못하는데, 이때 많은 피를 얻은 박쥐가 다른 박쥐와 피를 공유한다. 오늘 피를 나누어준 박쥐는 언젠가 피가 충분하지 않은 날, 다른 박쥐의 도움을 받는다. 원숭이들이 서로 이를 잡아주는 것 역시 협력의 작업이다. 그들은 서로의 불편함을 덜어주며 관계를 이어나간다. 결국, 협력은 종의 진화와 발전에 있어 중요한 요소임에 틀림없다.

인간으로 하여금 이러한 협력이 가능하게 한 힘은 바로 언어, '말'이다. 인류 초기 사냥과 채집을 위해 의사표현이 중요해지면서 자연스럽게 말이 생겨났다. 시간이 지나면서 말을 통한 정보 전달뿐 아니라 마음과 정서를 교류하며 소통을 하게 되었다. 또한 언어를 통해 공동체의 발전을 토론했다. 인류는 수많은 위기와 갈등 국면에서도 말을 통해 설득하고 설득당하며 발전해왔다.

그러나 지금 우리 사회는 어떠한가? 기술적으로 놀라운 발전을 이룩했지만, 진영논리 속에 갇혀 공동체를 위한 진지한 고민은 보이지 않는다. 국민을 위한다고 말하지만 진심이 느껴지지 않는다. 리더의 말은 신뢰를 잃었다. 여러 매체에서는 이 상황을 단순 중계할 뿐, 사회적 공론을 담아내지 못한다. 답답한 것은 힘없고 백없는 국민들뿐이다.

소통이 실종된 시대, 호모 레토릭쿠스(homo retorikos), 즉 수사적 인간이 없는 것인가?

기원전 5~6세기에 태동한 수사학(rhetoric, 修辭學)은 법정 변론을 위한 훈련에서 시작되었다. 한마디로 자신의 의견을 피력하기 위한 '말 잘하는 기술'에 대한 것이었다. 그렇기 때문에 초기 수사학은 자신의 이익만을 위한 것으로써 분명한 한계를 가지고 있었다.

하지만 시간이 흐르며 수사학은 단순히 '말 잘하는 기술'을 넘어 '말을 제대로 하는 학문'으로 자리 잡았다. 그것은 시대적 요구였다. 민주주의가 태동하면서 광장에서는 공동체의 여러 문제가 제기되었고 수많은 토론과 논쟁이 벌어졌다. 그 과정 속에서 공동체의 이익과 말에 대한 근본적인 고민이 생겨났다. 그 시대 사람들은 인간 존재 자체가 호모 레토릭쿠스여야 한다고 주장했다. 그리고 그렇게 살고자 치열하게 노력했다.

호모 레토릭쿠스는 다음의 3가지 조건을 갖춰야 한다.

첫째, 편협하지 않은 지적 능력
둘째, 공동체를 생각하는 마음
셋째, 효율적으로 말하는 능력

여기서 셋째를 수사학적 가치로 생각하기 쉬운데 실상은 첫째와 둘째가 전제되지 못하면 의미가 없다. 호모 레토릭쿠스는 편협한 진영논리에 매몰되지 않으며 공동의 이익을 생각하는 것에서 시작된다. 그것이야말로 인류를 발전시켜온 원동력이다.

이 책에서는 수사학의 태동부터 수사학이 학문으로 정립되는 과정들을 찬찬히 되짚어볼 것이다. 특히 그들이 오랜 시간 동안 연구한 끝에 밝혀낸 설득의 원리를 압축해 정리했다. 초기 수사학이 알려주는 설득의 비법은 상당히 효과적이고 치밀한 것으로 지금 사용하기에도 손색이 없다.

하지만 잊지 말아야 할 것은 '호모 레토릭쿠스'의 기본 정신이다. 처음에는 그저 '말 잘하는 기술'일 뿐이었던 수사학이 어떻게 진심과 공동체를 먼저 생각하는 '말의 학문'으로 자리잡을 수 있었는지 이 책을 통해 고민해봤으면 좋겠다.

오랜 시간 수사학과 커뮤니케이션 연구에 힘을 쏟아온 내게 수사학의 핵심 요소 2가지를 꼽으라고 한다면 '카이로스(kairos)'와 '데코룸(decorum)'이라고 말하겠다. 카이로스는 '적절한 때'라는 뜻이고 데코룸은 '적절한 표현'이라는 뜻이다. 결국 말을 잘한다는 것은 '적절한 때에 적절한 표현을 하는 것'이다. 그리고 그것은 폭넓은 지식과 깊은 고민이 있을 때만이 가능하다.

이 책은 카이로스와 데코룸을 사용할 수 있는 가장 효과적이고 명쾌한 방법을 알려줄 것이다. 아무쪼록 이 책이 당신에게 '카이로스'적인 책이 되기를 바라며, 본론을 시작해보자.

김은성

1

소피스트의 등장,
제대로 지식을 가르치는 사람들

아테네에서는 자신의 의견을 피력하는 것이 무엇보다 중요했다. 자신의 재산을 지키는 것뿐만 아니라 '말하기' 능력 하나로 자신을 알릴 수 있었기 때문이다. 말을 잘하는 사람은 민회에 나가 새로운 계획안을 제시하고, 군중을 설득해 정치를 할 수 있었다.

문제는 '말을 잘하는 방법'을 알려주는 곳이 없었다는 것이다. 그러다 생긴 것이 소피스트의 학원이었고 그리스 젊은이들은 이곳으로 모일 수밖에 없었다. 그동안 배운 정규 교육이라곤 호메로스 시 암송과 해석, 음악과 체육 정도에 불과했다.

사회에서 필요한 실용 교육은 결국 소피스트가 차린 학원에서 이루어졌다. 실질적인 교육을 원하는 사람들이 많아질수록 소피스트의 명성은 올라갔다. 실상 콘텐츠는 주류 철학자들의 것이었을지라도, 그것을 어떻게 활용하고 적용할 수 있는지 사람들에게 가르친 것은 소피스트였다.

01
인류 최초의
스피치 학원

번성하는 법정 앞 학원가

A 도대체 어떤 수업을 들었길래 이번에도 결과가 좋은 거야? 나
　는 벌써 2번이나 결과가 안 좋았어. 나도 카이로스 아카데미로
　옮길까?

B 그래 옮겨봐! 거기 원장이 승률 좋아. 올해 들어 컨설팅 들어간
　재판에서 모두 이겼어. 좀 비싸긴 하지만….

A 얼만데? 다음 재판은 꼭 이겨야 돼. 참 걱정이다. 어떤 비법이
　있는 거야?

B 그 원장은 재판장과 배심원들의 성향을 제대로 파악하고 있어.

그래서 맞춤형 변론이 가능하지. 특히 스피치 연습까지 체계적
으로 시켜줘서 진실한 사람으로 보이게 만들어주거든. 울면서
호소하는 방법까지 알려주더라니까? 아무튼 난 대만족이야!

A 그렇구나. 비싸도 한번 가봐야겠다.

이 대화가 이루어진 곳은 놀랍게도 기원전 고대 그리스 법정
앞이다. 기원전 4~5세기 그리스 법정에서는 소유물과 관련된 수
많은 재판이 이루어졌다. 독재자 겔론(Gelon)과 히에론(Hieron)이
물러난 후, 그들이 몰수했던 재산을 회복하기 위한 소송이 연일
계속되었기 때문이다.

따라서 고대 그리스 성인들은 적어도 대여섯 번, 어쩔 수 없이
법정에 서야 했다. 그리고 그들은 아래와 같은 말을 통해 자신의
입장을 증명해야 했다.

**억울합니다. 키피소스 강 하류에 있는 작은 언덕은 저희 집안
이 대대로 살아온 곳입니다. 그 땅이 저희 집안의 소유임을 증
명할 증인도 있습니다. 아무쪼록 선처 부탁드립니다.**

소유물임을 주장하기 위한 명확한 증거가 없다면, 배심원들 앞
에서 '말'로써 증명해야 했다. 그들에게 있어서 말은 생존 수단이
었다. 설득을 해야만 내 재산을 되찾고 새로운 출발을 할 수 있었

소피스트들이 아고라 광장에서 배심원들을 앞에 놓고 의뢰인을 위해 변론을 펼치면,
배심원들은 더 설득력 있는 소피스트 앞에 작은 돌멩이를 놓았다.

아무것도 존재하지 않는다.
설령 존재하더라도 나는 그것을 알 수 없다.
그것을 알 수 있다고 하더라도
그것을 남에게 전할 수 없다.

— 고르기아스

다. 그러다 보니 자연발생적으로 그리스 법정 앞에는 말하기를 가르치는 학원이 생겨났다.

명실상부 인류 최초의 스피치 학원이었다. 그 학원 원장들이 바로 우리에게 소피스트(Sophist)로 잘 알려진 고르기아스(Gorgias), 프로타고라스(Protagoras), 이소크라테스(Isokrates)였다. 그들의 목적은 하나, 수단과 방법을 가리지 않고 재판에서 이기는 것이었다. 그들은 사람들에게 돈을 받고 법률 서비스, 변론 훈련, 말하기 연습 등을 시켰다. 사람들은 학원으로 몰려들었고 그들의 설득 기술은 날로 발전했다.

수사학은 이렇게 시작되었다. 즉 수사학이란, 각 상황에 맞는 설득 방법을 찾는 학문으로 내가 처한 현실에서 가용할 수 있는 최고의 설득 방법을 찾는 것이 목적이었다. 당시 수사학은 생존과 직결되어 있었고, 그 절박함 때문인지 시간이 흐를수록 수사학의 내용은 풍성해지고 기술은 더욱 진화하였다.

소피스트, 죽어가는 환자도 살리는 사람들

그 당시에는 법정에서의 변론과 정치 연설이 중요시되었다. 전제군주가 사라지며 자연스럽게 사람들은 광장으로 모여 대화를 하였고, 말 잘하는 사람은 정치인으로 나설 수 있었다. 시민들이 자유롭게 토론을 벌이던 광장 아고라(agora), 공공 체육시설 짐나지움(gymnasium)은 수다와 대화의 공간이었다.

초기 소피스트들은 짐나지움에서 스피치를 가르쳤다. 그들에게 짐나지움은 체육시설 그 이상의 의미였다. 정신 수양을 위해서는 육체 수양이 필수적이었고, 그리스 성인들은 체육관에 모였으며 그곳은 점차 소통의 공간이자 소피스트의 영업 장소가 되었다. 이처럼 광장과 법정에서 수사학의 힘이 발휘되면서 수사학은 생존의 도구이자 무기이며, 이를 제대로 사용하는 것이 곧 전쟁에서 이기는 것이라는 생각으로까지 발전하였다.

호메로스(Homeros)의 《일리아스(Ilias)》에서도 수사학의 중요성이 언급된다. 방패를 잘 만드는 장인 헤파이스토스(Hephaestus)가 아킬레우스(Achilles)에게 방패를 만들어줬는데, 방패의 한쪽 면에는 전쟁의 모습이 다른 한쪽 면에는 시장에서 논쟁하는 사람들의 모습이 담겨 있었다. 전쟁에서는 칼이 사람을 죽이지만, 평상시에는 혀가 무기임을 보여주는 대목이다. 호메로스 서사시의 절반 이상이 영웅들의 연설로 채워진 것도 그들이 얼마나 말을 중요시했는지 알 수 있는 지점이다.

소피스트인 고르기아스는 의사가 할 수 없는 일을 자신들이 할 수 있다고 주장했다. 약이나 치료를 거부하는 말기 환자들을 말로

써 설득하여 더 살아가게 할 수 있다는 것이다. 그 당시야말로 말이 인류 역사의 중요한 도구로 전면에 등장한 시기라고 할 수 있다. 이에 대해 소크라테스(Socrates)와 키케로(Cicero)는 각각 다음과 같이 언급했다.

> 위대한 연설은 위대한 영혼의 울림이며, 웅변은 지혜의 산물이다.

> 사람의 멋이 정신에 있다면, 그 정신과 빛은 말솜씨에 있다.
> 철학이 '만학의 왕'이라면 수사학은 '만사의 여왕'이다.

그 당시 말은 생존 수단일 뿐만 아니라 설득의 도구로써 다양한 논의와 발전을 거듭했다. 물론 민주주의가 쇠퇴하며 수사학이 퇴색하기도 했지만, 고대 그리스의 치열한 논의와 실전 경험들은 아직도 유효하다.

수사학은 이 시대의 커뮤니케이션, 심리학, 논리학의 기초다. 몇 가지 실증적, 역사적 자료가 추가됐을 뿐, 현대에도 그 기본 원칙은 통한다.

하늘을 찌르는 소피스트의 위세

어느 날 소크라테스가 반응 없기로 유명한 스파르타 청중을 대
상으로 연설을 했다. 정말 조금의 반응도 보이지 않는 스파르타
청중 때문에 고민하고 있던 소크라테스에게 소피스트 히피아스
(Hippias)가 다음과 같이 말했다.

> 소크라테스여,
> 영웅과 남자들의 혈통, 도시국가가 탄생한 배경 그리고 모든
> 고대에 관한 일반적인 이야기들… 나는 그들 때문에 이것들을
> 연구했습니다. 최근 나는 스파르타 젊은이들이 실천해야 할 아
> 름다운 행동 양식에 대해 연설을 해서 큰 성공을 거뒀습니다.
> 나는 이 주제에 대한 적절한 단어 선택, 또 그것을 바탕으로 한
> 사례가 많이 들어간 담화문을 만들었습니다.

스파르타에서는 기하학이나 산술학 혹은 언어에 대한 상투적인
강의로 그들의 관심을 끌 수 없다는 것을 잘 알고 있었던 히피아
스가 청중을 분석하지 못한 소크라테스를 비판한 것이다. 히피아
스는 스파르타 사람들의 관심과 습성을 파악했고, 그것을 바탕으
로 그들이 좋아하는 단어와 사례를 찾아냈다. 심지어 히피아스는
대철학자 소크라테스 앞에서 아래와 같은 자랑까지 늘어놓았다.

내가 이렇게 해서 돈을 얼마나 많이 벌었는지 안다면 아마 깜짝 놀랄 겁니다. 순식간에 150미나를 벌었습니다. 심지어 그중 20미나는 가난한 마을인 이나코스에서 벌었습니다.

이처럼 당시 소피스트의 위세는 대단했다. 그들은 "불멸의 것은 없다."라는 한마디를 아래 처럼 다양하게 말하는 사람들이었다.

아무것도 존재하지 않는다.
설령 존재하더라도 나는 그것을 알 수 없다.
그것을 알 수 있다고 하더라도 그것을 남에게 전할 수 없다.

02
수사학,
영혼을 홀리는 기술

소피스트를 싫어한 주류 철학자들

소크라테스 역시 소피스트의 말하기 능력만큼은 인정했다. 소크라테스는 소피스트인 프로타고라스를 다음과 같이 표현했다.

> 프로타고라스는 같은 주제에 대해 혼잣말을 하거나 강의를 할 때, 틀린 말을 하지 않으면서 길게 말할 수 있고, 누구보다 짤막하게 말할 수 있다.

하지만 그들의 방식에는 불만이 많았다. 사람들을 현혹시키며 오직 개인의 이익만을 위해 말을 하는 사람으로 여긴 것이다. 소피스트의 수사학은 재주의 탈을 쓴 아첨, 영혼을 홀리는 기술을 가르치는 사기술로 폄하되었다. 소크라테스는 "진리를 어떻게 돈으로 사고 팔수 있는가?"라며 비판하였고, 플라톤(Plato)은 "정치철학은 인간을 건강하게 만드는 체육이지만, 수사학은 겉모습만 치장하는 화장술에 불과하다."라고 질타했다.

여러 문헌의 내용을 종합해보면, 주류 철학자들은 소피스트를 극도로 싫어한 것으로 보인다. 결국 소크라테스, 플라톤 같은 당시 주류 철학자들은 소피스트에게 '궤변론자'라는 불명예스러운 타이틀을 붙였다.

그도 그럴 것이 소크라테스, 플라톤 같은 철학자들이 깊은 성찰과 고민을 통해 새로운 지식을 만들어내면, 소피스트들이 그 지식을 전파하며 돈을 벌었기 때문이다. 더구나 후대의 주류 철학자들은 그들의 스승인 소크라테스가 소피스트의 모함으로 죽었다고 믿고 있었다.

초기 소피스트의 논리적 궤변이 얼마나 심했는지 보여주는 일화가 있다. 바로 '코락스의 딜레마'이다. 시칠리아의 수사학자 코락스(Korax)는 제자 티시아스(Tisias)에게 나중에 수업료를 받기로 하고 수업을 해주었다. 그런데 수사학을 다 배우고 나서 티시아스가 수업료를 지불하지 않았다. 결국 이 둘의 다툼은 법정으로까지 이어지게 되었다.

제자인 티시아스는 만약 이 재판에서 지면 스승한테 수사학을 잘못 배웠다는 것이 입증되므로 수업료를 지불할 필요가 없다고 주장한다. 그러자 스승인 코락스는 만약 티시아스가 이기면 잘 배운 덕분이므로 수업료를 지불해야 하고, 만약 지면 졌으니 수업료를 지불해야 한다고 주장한다.

양측의 변론을 들은 재판관은 이 둘을 향해 "영악한 까마귀에 영악한 새끼"라고 일갈했다.

말장난처럼 보이는 이러한 언변을 통해 소피스트들은 재판에서 이기며 유명세를 얻었다. 이렇다 보니 주류 철학자들 입장에서는 그들을 가볍게 보고 사람들을 미혹한다고 여길 수밖에 없었다.

소피스트를 위한 변론

사실 소피스트의 입장에서 보자면, 근엄한 주류 철학자들의 시샘이 자신들을 궤변론자로 만들었다고 볼 수도 있다. 따지고 보면 자신들도 엄연히 철학자인데 말이다. 역사는 늘 주류에 의해 기록되니, 주류 철학자들 입장에서 소피스트를 좋게 기록할 리 없었다.

하지만 소피스트의 업적은 분명히 있다. 지식과 정보를 여러 지역에 전파하며 견제와 자극을 도모했고 그를 통해 철학을 발견시켰다는 점이다. 그들은 절대적 진리는 없고 모든 것이 상대적이라고 봤다. 즉 상황에 맞게 행동하는 것이 옳은 것이라고 주장한 것이다. 스피치 관점에서만 본다면, 상황에 맞게 말하는 것이 가장 좋은 방법으로 일리 있는 주장이다.

아테네에서는 자신의 의견을 피력하는 것이 무엇보다 중요했다. 자신의 재산을 지키는 것뿐만 아니라 '말하기' 능력 하나로 자신을 알릴 수 있었기 때문이다. 말을 잘하는 사람은 민회에 나가 새로운 계획안을 제시하고, 군중을 설득해 정치를 할 수 있었다.

문제는 '말을 잘하는 방법'을 알려주는 곳이 없었다는 것이다. 그러다 생긴 것이 소피스트의 학원이었고 그리스 젊은이들은 이곳으로 모일 수밖에 없었다. 그동안 배운 정규 교육이라곤 호메로스 시 암송과 해석, 음악과 체육 정도에 불과했다.

사회에서 필요한 실용 교육은 결국 소피스트가 차린 학원에서 이루어졌다. 실질적인 교육을 원하는 사람들이 많아질수록 소피스트의 명성은 올라갔다. 실상 콘텐츠는 주류 철학자들의 것이었을지라도, 그것을 어떻게 활용하고 적용할 수 있는지 사람들에게 가르친 것은 소피스트였다.

《문학》이라는 산문을 펴낸 고르기아스는 기원전 427년, 시칠리아 레온티노이의 대사로 아테네에 파견되어 민회의원들을 매료시켰다. 또 플라톤의 《프로타고라스》편을 보면 프로타고라스를 보겠다는 젊은이들의 열광적인 모습이 언급되어 있다. 그런가 하면 연설이 훌륭해도 청중이 잘 모이지 않는 스파르타 같은 도시에서도 히피아스는 찬사와 함께 박수갈채를 받았다.

스파르타를 박수치게 한 소피스트의 연설

무뚝뚝한 스파르타에서 박수갈채를 받았던 그들의 말하기 기술은 어떻게 만들어진 것일까? 사실 많은 사람들 앞에서 하는 말하기는 하면 할수록 늘게 되어 있다. 왜냐하면 수많은 경험을 통해 자신의 콘텐츠를 검증받고 반복하면서 자신만의 것으로 체화하기 때문이다. 소피스트 역시 그랬다.

우선 그들은 지식 전파를 위해 수많은 곳을 떠돌아다녔다. 도시와 도시를 다니며 견문을 넓혔고 사람들을 많이 만났다. 많은 만남을 통해 사람들이 어떤 것을 좋아하고 어떤 것에 반응하는지 알게 되었다. 그 경험은 설득에 있어 어마어마한 자산이 되었다.

가진 내용이 아무리 좋다고 해도 그것을 제대로 전하지 못하면 아무 소용이 없다는 것을 우리는 경험적으로 알고 있다. 설득은 나의 의도를 다른 사람에게 전해 상대의 믿음과 행동을 변화시키는 과정이다. 그럼에도 우리가 종종 실수하는 것은 내 할 말만 하려 한다는 점이다. 나의 논리가 아무리 타당하다고 해도 나의 말만 계속 한다면 상대는 꿈쩍하지 않는다. 설득의 과정에는 반드시 커뮤니케이션, 소통의 과정이 필요하다. 그러기 위해서는 상대의 마음을 헤아리는 능력은 필수다. 이것은 책이나 사색만으로 얻어지는 것은 아니다. 사람을 만나고 경험하며 알아가는 것이다. 지식이 세상에 퍼지기 위해서는 사람을 통해서만 가능하다. 그러기 위해서는 사람을 알아야 한다.

이러한 것들을 여행을 통해 구축한 소피스트의 말하기는 청중을 끌어당기는 매력을 가질 수밖에 없었다.

둘째, 그들은 다양한 상황에서 연설과 토론을 이어갔다. 사람들을 모아놓고 강의를 했으며 즉흥 연설과 토론을 했다. 청중의 까다로운 질문을 받고 심사숙고 끝에 답을 내놓았다. 사실 내용은 기존의 것을 반복하는 것이었지만, 그런 과정을 통해 콘텐츠는 완벽히 자신의 것이 되었다. 토론 역시 청중에게 하나의 주장을 말하게 한 뒤에 다른 곳에서 들은 주장을 되풀이하며 변론했다. 이런 과정을 통해 인지적 체화를 했다. 지식을 단순히 암기하거나 이해하는 수준을 넘어, 남을 가르치고 다양한 방법으로 전하며 체득한 것이다.

셋째, 최신 정보를 숙지했다. 소피스트의 저술은 거의 남아 있지 않다. 남아 있는 것이라곤 연설 예문이나, 강의 메모뿐이다. 왜냐하면 이 분야의 최신 정보를 전달하고 나면 또 다른 이론과 저술이 나오기 때문에, 기록에 대한 큰 필요성을 못 느꼈기 때문이다. 또 책을 보존해야 할 이유도 크게 느끼지 못했다. 각지를 다니며 얻은 지식을 저술로 남기기보다는 구전을 통해 사람들에게 전달하는 것을 선호했기 때문이다. 비록 기록되지 못한 점은 아쉽지만 과거의 지식에 갇혀 있지 않고, 늘 새로운 것을 추구했다는 점은 오늘날의 관점에서도 인정받을 만하다.

넷째, 청중에 따라 연설을 달리했다. 기본 골격은 같지만 어휘나 표현, 구성을 바꿔가며 말했다. 소피스트들은 명사와 지식인의 집회, 민회, 올림피아 제전 등을 보기 위해 그리스 전역에서 몰려온 다양한 청중 앞에서 연설을 했다. 때로는 같은 내용을 반복적으로 전하기도 했지만, 각계각층의 사람들 앞에서 각기 상황에 맞게 연설함으로써 호응을 얻어냈다.

《고르기아스》편의 도입부를 보면, 고르기아스가 연설장에 막 도착한 소크라테스를 위해 연설을 다시 준비하는 장면이 나온다. 소크라테스는 동료 카이레폰(Chaerephon)과 함께 고르기아스의 강연을 들으려 달려왔지만 이미 강연이 끝난 터였다. 소크라테스가 고르기아스를 찾아온 이유는 고르기아스의 설득 능력과 기술의 정체를 정확하게 파악하기 위해서였다. 고르기아스는 이미 소크라테스가 찾아오기 직전에 자신의 능력을 청중들 앞에서 분명하게 펼쳐보였다. 소크라테스는 카이레폰을 대리로 내세워 고르기아스가 누군지를 질문하게 하자 고르기아스를 변호해 폴로스(Polos)가 나서며 "고르기아스는 가장 훌륭한 말하기 기술에 관여하고 있다."고 대답한다. 그러나 소크라테스는 폴로스의 대답이 핵심을 벗어난, 다분히 수사술에 경도된 대답이라고 지적하며 고르기아스가 직접 대답해줄 것을 요구했다.

이에 고르기아스가 응하면서 양자 간의 대화가 시작되었다. 이미 끝낸 연설과 같은 내용을 소크라테스라는 청자에 맞추어 다른 말하기로 반복한 것이다.

이처럼 소피스트는 논리적 허점을 파고드는 다양한 공격에 대한 반박 논리를 개발하며 자신들의 수사술을 더욱 강화했다. 경험이 쌓이며 사람들이 무엇을 좋아하고 어떤 생각을 하는지 깨달았으며, 비판에 대한 논리가 강화될수록 더 많은 대중의 마음을 사로잡을 수 있었다.

소크라테스, 플라톤으로 대표되는 주류 철학자들과 소피스트는 건강한 긴장관계였다. 소크라테스와 플라톤의 철학적 내용은 소피스트에게 지대한 영향을 미쳤고, 소피스트가 개발한 수사학 역시 철학자들에게 큰 자극이 되었다.

실상 철학과 수사학의 내용은 근본적으로 대치되거나 대립되지 않는다. 방향만 달랐을 뿐, 상호 영향을 받으며 발전했기 때문이다. 소피스트를 그렇게 비판하던 플라톤도 일정한 조건을 지키는 선에서 수사학을 인정하고 받아들였다. 그리고 플라톤의 제자인 아리스토텔레스는 수사학을 학문으로 정립하기에 이른다.

03

소크라테스,
스스로의 무지함을 깨닫게 하다

주류 철학자 대표, 소크라테스

소크라테스 여보게, 트라시마코스! 무엇을 그토록 열띠게 토론하고
　　있었나?

트라시마코스 네, 정의가 무엇인지에 대해 고민하고 토론하고 있었
　　습니다.

소크라테스 아, 그래? 그럼 정의는 무엇인가?

트라시마코스 정의는 정의로운 것, 강자에게 이익이 되는 것이라고
　　생각합니다.

소크라테스 그렇군. 그런데 강자는 사람인가, 사람이 아닌가?

트라시마코스 에이, 강자도 당연히 사람이죠.

소크라테스 사람은 때때로 실수하지 않나? 실수를 한다면 잘못된 행동도 하겠군.

트라시마코스 그렇죠. 사람은 누구나 실수를 하고 잘못된 행동을 하죠.

소크라테스 그런데 말이네, 잘못된 판단과 그에 따른 행동도 정의로운 것인가?

트라시마코스 아… 그건 아니죠….

고대 그리스 철학의 대표 주자인 소크라테스와 기세등등한 젊은 소피스트 트라시마코스(Thrasymachus)의 대화다. 소크라테스는 서두르는 법이 없었다. 청자의 입장에서 질문을 던졌고 그 대답을 충분히 들은 다음, 설득을 이어갔다. 그는 소통이란 물이 흘러가는 것 그리고 청자와의 연결고리를 만드는 것임을 보여주었다.

또 다른 대화를 보자. 긴 여행 끝에 기진맥진한 상태로 불평하는 사람이 있었다. 그에게 소크라테스가 물었다.

소크라테스 당신은 긴 여행 중 짐을 운반했습니까?

여행자 제우스에게 맹세코 짐을 옮기진 않았습니다. 그저 외투만 들었습니다.

소크라테스 그럼 당신은 혼자 여행했나요? 하인을 데리고 갔나요?

여행자 하인을 한 명 데리고 갔습니다.

소크라테스 하인은 짐을 가지고 갔나요, 아니면 맨몸으로 갔나요?

여행자 하인은 침구와 그 밖의 짐을 가지고 갔죠.

소크라테스 그러면 그 하인에게 여행은 어땠을까요?

여행자 제가 보기에는 좋았던 것 같은데요.

소크라테스 그렇다면 당신이 그 짐을 지고 여행했다면 어땠을 것
  같습니까?

여행자 지독했겠죠. 저 같으면 그 짐을 끌고 갈 수 없었을 겁니다.

소크라테스 그럼 당신은 당신의 하인보다도 참을성이 없다는 이야기
  군요. 그것이 교육을 받은 사람에게 어울린다고 생각하십니까?

이처럼 소크라테스는 상대방에게 일방적인 주장이나 강요를 하는 것이 아니라, 상대방이 스스로 판단할 수 있도록 유도하였다. 자기의 논리로 다른 사람을 설득하는 것이 아니라 청자가 자신의 문제점을 스스로 발견하여 진리를 찾도록 도와주는 것, 이것이 그의 소통방식이었다.

소크라테스는 고대 그리스 철학의 전형을 보여준 인물이다. 그는 계급 간 극한 대결 속에서 힘든 삶을 살다 죽었지만, 지식에 대한 갈구와 사명으로 일생을 살았다. 거리의 사람들에게 자기 자신에게 가장 소중한 것이 무엇인가를 물어보고 다니며 철학적 대화를 나누는 것을 일과로 삼았다.

소크라테스의 말하기 1: 청중 중심 소통

소크라테스에게 가장 중요한 화두는 '내가 무지하다는 것'을 깨닫는 것이었다. 그것이 바로 그 유명한 "나 자신을 알라."이다. 바로 거기부터 진리에 대한 출발이 가능하다고 믿었다.

그는 '산파술(産婆術)'을 사용했다. 어떤 주제를 선택하여 사람들에게 질문을 던지고 자연스러운 논박을 통해 청중이 무지를 자각하고 탐구 의욕을 유발시키는 방법이다. 소크라테스는 마치 산파처럼 청중이 스스로 사유하고 대답할 수 있도록 도와주는 조력자 역할에 충실했다. 그의 주제는 정의, 정치, 진실과 같은 무거운 문제에서부터 일상의 불평불만에 이르기까지 폭넓었다.

특히, 그의 말하기는 철저히 '청중 중심'이었다. 물론 소피스트들도 청중을 중심으로 설득을 했다. 그러나 수단과 방법을 가리지 않고 청중을 설득하고자 하는 소피스트의 방식과는 달리, 소크라테스는 차분하게 대화를 통해 설득을 시도했다. 즉 소크라테스는 청중 스스로의 변화를 유도했고, 소피스트는 자신이 청중을 변화시키는 것에 주력했다.

소크라테스의 말하기 2: 경청

산파술의 기본은 '경청'이다. 그의 대화들을 보면 상대방의 수준과 학식에 맞추어 사용하는 어휘를 달리함을 알 수 있다. 이는 상대방을 이해하고 상대방의 이야기를 경청해야지만 가능한 일이다.

그의 대화를 보면, '청중의 수준에 맞는 질문'-'경청'-'다시 다른 질문'의 구조가 반복된다. 이런 상호작용이 가능하기 위해서는 오랜 경청을 통해 사람을 파악하고 이해하는 능력이 필요하다. 경청은 다른 사람의 진의를 왜곡 없이 받아들이기 위해서도 필요하지만, 사람을 이해하는 힘을 키워준다.

소크라테스의 말하기 3: 추한 외모

사실 산파술을 잘못 사용했다가는 상대방의 반감을 살 수 있다. 우리 주변만 봐도 꼬치꼬치 캐묻는 사람은 사람들의 호감을 얻기 힘들다. 특히 소크라테스는 일상적인 문제부터 민감한 정치 문제에 이르기까지 사람들과 폭넓은 대화를 했으니, 분명 갈등의 소지가 있었을 것이다.

하지만 많은 그리스 사람들은 그를 따랐고 존경했다. 다른 이유도 있겠지만, 반감을 누그러뜨릴 만한 외모를 가졌던 부분이 크다. 문헌에 따르면 소크라테스는 미친 주신(酒神) 실레노스(Silenus)처럼 두 눈이 튀어 나왔고 찌부러진 사자코로 용모가 아주 추했다고 나와 있다. 심지어 뚱뚱하고 입까지 컸다고 한다.

생각해보자. 날카롭고 잘생긴 외모의 사람이 계속 질문을 해댄다면 왠지 기분이 좋지 않을 것이다. 잘난 체한다고 비난을 받기도 쉽다. 하지만 소크라테스의 외모는 동정심을 불러일으키는 모습으로 그의 반박이나 대답에 사람들은 순순히 인정했다.

자크 루이 다비드(David, Jacques Louis) 의 '소크라테스의 죽음'

유일한 선은 앎이요,
유일한 악은 무지다.

＿ 소크라테스

소크라테스의 말하기 4: 청중이 아는 사례

플라톤이 저술한《대화》를 보면 소크라테스의 말하기에는 유명 인물들이 자주 등장한다. 당대의 유명 스타를 등장시킴으로써 청중의 흥미와 집중도를 높인 것이다.

사랑이 주제인 이야기에서는 당대 최고의 미소년이었던 알카비아데스(Alkibiades)를, 참된 인식에 대한 이야기에서는 수학 신동으로 주목받았던 테아에테토스(Theaitetos)를 등장시킨다. 자신의 무죄를 변론할 때는 재판정에 참석한 청중의 이름을 하나씩 호명하며 그의 이야기와 사례로 자신의 주장을 풀어나갔다. 소크라테스의 이런 방법은 사람들의 관심을 집중시키고 자신의 주장을 더욱 설득력 있게 만드는 원동력이었다.

사실 이렇게 사례를 드는 방식은 소피스트의 전매특허 기술로, 부지불식 간에 서로의 말하기 방식에 영향을 받았음을 알 수 있다.

소크라테스의 말하기 5: 명확한 목적성

산파술을 통한 그의 대화를 보면, 목표가 더욱 명확하다.《대화》를 자세히 뜯어보면 소크라테스의 말하기는 늘 결론이 이미 나와 있다. 자유로운 연상 작용으로 열린 질문과 대화를 이어가는 듯 보이지만, 사실 소크라테스가 생각하는 결론은 처음부터 정해져 있었다.

이는 산파술의 한계라고 볼 수도 있지만, '목적'이란 소통과 설득에 있어 반드시 필요한 부분이다. 어찌 보면 목적에 도달하고자 정교한 연출을 했다고 볼 수 있다. 단지 다른 사람이 그것을 받아들이도록 길목을 터놓은 것이다.

《대화》후반부로 갈수록 훈계조로 변한다는 점도 이것을 반증한다. 하지만 이것이 꼭 자의적이거나 나쁜 것은 아니다. 우리가 소통을 하는 것은 자기의 주장을 관철하고자 하는 과정이기 때문이다. 자신의 목적과 목표가 뚜렷할 때, 효과적인 설득이 가능하다.

소크라테스의 말하기 6: 진정성

고대 그리스 시대는 화려한 미사어구와 수사가 지배하던 시대였다. 돈을 받고 웅변술을 가르치는 소피스트들이 인기를 얻고 행동보다는 말이 앞섰다. 소크라테스는 간소하고 절제와 중용을 지키는 삶을 살았지만, 동시에 전투나 공적인 활동에 있어서는 용감했다. 소크라테스가 자신의 전투 참여를 얼마나 자랑스럽게 생각했는지 그의 연설 곳곳에 나타난다.

아테네 시민 여러분,

제가 여러분이 선출한 지휘관들이 포티다이아 전투, 암피 폴리스 전투와 델리온 전투에서 제 위치를 정해주었을 때 그들이 정해준 그곳에 다른 사람과 마찬가지로 머물러 있으면서 죽음을 무릅쓰고….

자신의 신념을 말과 행동으로 실천한 소크라테스는 그리스 사람들에게 존경받았다. 죽음으로 자신의 신념을 지키는 모습은 소크라테스의 진정성을 극적으로 보여주는 것이다.

혹시 이렇게 말하는 사람도 있을 겁니다.
소크라테스, 당신은 이곳을 떠나 침묵을 지키며 조용히 살 수 없겠소?
하지만 난 그럴 수 없습니다. 왜냐하면 침묵을 지키며 살아간다는 것은 신에 대한 불복종이 되기 때문에 조용히 있을 수가 없습니다.

......

그리하여 나는 사형선고를 받고 지금 이 자리를 떠나고자 합니다. 여러분은 진리를 거역하고 내게 유죄 판결을 내렸습니다. 나는 이 판결에 복종해야 하겠지만, 여러분도 복종하십시오.

소피스트 대표, 데모스테네스

데모스테네스(Demosthenes)는 기원전 385년경 아테네에서 태어났다. 고대부터 통틀어 아테네 10대 웅변가 중 한 사람으로 꼽히는 인물이다.

당시 웅변이란 지도층이 되고 싶은 사람들이 필수적으로 가져야 할 필수 기본 소양이었다. 하지만 데모스테네스는 허약한 체질로 태어난 데다, 일곱 살에 아버지를 잃고 재산도 관리인이 가로챘기 때문에 전문적인 교육을 받지 못했다. 그러나 당시 아테네에서 가장 유명했던 연설가 칼리스트라투스(Callísträtus)가 민회에서 연설하는 것을 보고 감명을 받아 웅변가가 되기로 결심했다. 그는 소년 시절의 유희를 모두 중단하고 고된 연습을 통해 말하기를 훈련했다. 그렇게 성장한 데모스테네스는 재산을 찾기 위해 소송을 제기하고 자신이 변론하여 승소한다. 그 후 본격적으로 법정 변론문 작가로 활동하며 더 나아가 정치가로 발돋움한다.

특히 그리스 북방 마케도니아의 필립왕에 맞서 아테네 시민들의 투쟁을 호소하는 '아테네 시민들이여 일어나라.'라는 명연설은 후대에 길이 남았다. 그는 계속되는 투쟁 중에 최후를 맞았다.

데모스테네스의 말하기 1: 끊임없는 노력

데모스테네스는 '말은 타고나는 것이다.'라는 고정관념을 뒤집은 사람이다. 문헌을 보면, 그가 민회에서 최초로 했던 연설은 비웃음과 조롱만을 받았다고 나와 있다. 그는 선천적인 말더듬이었다. 목소리는 너무 작고 발음도 부정확해서 무슨 말을 하고 있는지 제대로 들리지 않을 정도였다. 또 호흡이 짧아 숨이 차서 말을 자주 멈추었기 때문에 말의 앞뒤가 연결되지 않았다. 그의 연설은 싱겁고 지루한 데다 내용 또한 논리적이지 못했다. 그랬던 그가 10대 웅변가가 된 것은 철저한 연습 덕분이었다.

데모스테네스는 지하에 연습실을 만들어놓고 날마다 그 안에 들어가 연설에 필요한 표정과 몸짓, 발성법 등을 익혔다. 그는 지하실에 들어가면 두 달이고 석 달이고 나오지 않았는데, 일부러 외출을 하지 않기 위해 머리와 수염을 반만 깎았다.

물론 말하는 기술을 배우기 위해 전문가 이사이우스(Isaeus)의 수업을 받기도 했다. 호흡이 짧은 자신의 약점을 보완하기 위해 가파른 언덕을 수없이 뛰어오르며 발성 연습을 했다. 연설의 논리를 보강하기 위해 유명한 수사학자의 저서를 8번이나 베껴 쓰며 노력했다.

그가 처음 연설가로 입문한 것은 칼리스트라투스의 연설 때문이었지만 후에는 빼앗긴 재산을 찾기 위해서였고, 그렇게 갈고 닦은 연설 능력은 훗날 아테네 시민의 투쟁을 위해 쓰였다. 그의 발전은 아테네 시민들에게 귀감이 되었고 진정성 그 자체로 다가가게 되었다.

데모스테네스의 말하기 2: 신념과 일치하는 삶

데모스테네스는 훌륭한 웅변가, 정치가가 되었지만 세상은 그의 자질을 끊임없이 시험했다. 그리스 북방에서 힘을 키우던 마케도니아가 아테네를 위협하기 시작했을 때, 데모스테네스는 명연설 '아테네 시민들이여 일어나라.'를 통해 시민들의 참여를 독려했고 전장에 나선다. 데모스테네스의 라이벌인 데마데스 (Démádes) 역시 전투에 참여한다. "데모스테네스는 아테네에 어울리는 웅변가다. 그러나 데마데스는 아테네에 과분한 웅변가다."라는 말이 있을 정도로 당시 데마데스의 언변 또한 높은 평가를 받고 있었다.

하지만 전투 후, 둘에 대한 평가가 달라졌다. 전투에서 패한 후, 둘은 전혀 다른 주장을 내놓았기 때문이다. 현실론자였던 데마데스는 마케도니아의 필립왕에게 복종해야 된다고 주장했고, 데모스테네스는 투쟁을 주장했다. 데모스테네스는 권력의 유혹을 뿌리치고 은인자중하며 기회를 노리다 수시로 마케도니아를 공격해야 한다는 연설을 했다. 자유를 위한 그의 불굴의 의지와 노력은 후세에 전해지고 있다. 그는 자신의 연설과 신념에 맞게 끝까지 투쟁하며 일생을 보냈기 때문이다. 그러나 당시에는 신망을 얻었던 데마데스의 주장은 단순히 화려한 언변으로 포장되어 있었다. 그리고 결국 역사에 오래 기억된 것은 데모스테네스였다. 진정성이란 결국 언행일치에서 나온다.

그럼, 마케도니아군이 쳐들어오는 급박한 상황에서 데모스테네스가 아테네 시민들에게 한 연설을 직접 들어보자.

경애하는 아테네 동포 여러분!

여기에 모인 청중 여러분 가운데 마케도니아 필립왕이 지휘하는 수십만 대군을 보고 '우리 그리스 열국이 미약하기 때문에 이에 대항하지 못하는구나.' '그들의 군화에 유린될 것이구나.' '필립왕이야말로 가장 무서운 적이구나.'라고 생각하는 사람이 한 사람이라도 있다면, 나는 그 사람의 생각이 틀렸다고는 말할 수 없습니다. 그러나 나는 그러한 분에게 꼭 고려해야 할 일이 있다고 말하고자 합니다. 그것은 무엇이겠습니까?

경애하는 아테네 시민 여러분!

현재 필립왕에게 복종하고 있는 대부분의 그리스 열국은 그전에 자유스럽고 독립된 국가였습니다. 만약 당시의 필립왕이 자기의 세력이 미약하다고 여겼다면, 그래서 그를 중심으로 하는 동맹도 생기지 않고 우리들에게 저항하여 결국 승리할 가망도 없었다면, 오늘날과 같은 야만적 행동은 없었을 것입니다.

필립왕은 우리의 가장 견고한 수비 지역을 군수 물자와도 같은 것으로 생각하고, 그러한 물자는 당연히 승리자의 수중으로 돌아가게 된다는 것을 알고 있었습니다. 나약하고 비겁한 자가 가지고 있는 것은 당연히 용기 있고 씩씩한 투사의 수중으로 들어간다는 것을 알고 있었습니다.

필립왕이 일개 평범한 사람에서 걸출한 인물이 되어, 마침내 그리스의 전 지역을 정복한 이유는 이와 같은 생각에 큰 자극을 받은 결과입니다.

경애하는 아테네 동포 여러분!

여러분이 만일 나의 말을 받아들여 저 필립왕과 같은 생각을 가지게 된다면, 여러분이 만일 각자 힘이 미치는 한에 있어서 훌륭한 시민이라고 칭찬받기를 원한다면, 만일 여러분이 지금까지의 우유부단한 생각을 버리고 자부심을 가진다면, 또 번잡스럽고 소란스러운 것은 타인에게 맡겨버리고 개인의 향락만을 즐기고자 하는 악습을 개선할 수 있다면, 여러분은 지금 놓친 기회를 반드시 다시 포착하여 목전의 난관을 타개할 수 있습니다. 그리하여 빼앗겼던 영토를 탈환하고 저 필립왕의 오만불손한 죄를 응징할 수 있습니다.

아테네 동포 여러분!

여러분은 언제 이와 같은 용기를 낼 것입니까? 여러분은 막다른 길에 이르기까지, 최후의 순간에 이르기까지, 이대로 한가하게 있겠단 말입니까? 여러분은 도대체 우리의 현재 상황을 어떻게 보고 있는 것입니까?

어떤 사람은 이렇게 말할 것입니다. 우리들은 이 위급한 상황을 방관하고만 있는 것이 아니라고, 더 새로운 정보를 얻기 위해 각자 애쓰고 있다고 말입니다.

마케도니아 사람들이 아테네를 정복하지 않으면 또 어디를 정복하겠습니까? 어느 누가 "필립이 죽었다고 들었는데 사실인가?" 하고 물었을 때, "아니오. 죽은 것이 아니라 병이 들었다고 합니다."라고 대답하면, 그것이 대단한 정보라도 됩니까? 가령 필립이 죽었다고 한들, 여러분이 지금의 구태의연한 타성을 버리지 않는 한 또 다시 제2의 필립이 나타나고야 말 것입니다.

여러분!

아테네를 우리들의 부모와 같이, 우리들의 아내와 같이, 우리들의 형제자매와 같이, 우리들의 친구와 같이 사랑한다면 여러분들은 이제 단호히 결심하지 않으면 안 됩니다.

여러분은 어떠한 전쟁이 일어난다는 것을 알려고 할 필요가 없습니다. 풍설이나 풍문도 들을 필요가 없습니다. 믿을 것은 다만 한 가지뿐입니다.

그것은 무엇이겠습니까? 우리들 아테네 사람들은 이 나라를 창건한 조상들과 같이 각자의 책임을 자각하고 그 책임을 실행하고 그것을 발휘하여, 쉬운 것을 피하고 난관에 의연하게 직면하여 이를 극복하지 않으면 안 됩니다.

그렇지 않으면 재난이 닥쳐와 아테네라는 국가도, 아테네의 시도, 아테네의 집도, 아테네의 사람도 모두 다 마케도니아 필립왕이 지휘하는 마케도니아 군대의 말발굽에 짓밟혀버리고 말 것입니다.

아, 여러분!

저 마케도니아 군대의 군마 소리가 들리지 않습니까? 모두 다 일어나십시오! 앉아 있는 사람은 일어나십시오! 서있는 사람을 달리십시오! 그리고 목숨을 걸고 전진하여 아테네의 국경 방어선을 죽음으로 지킵시다!

데모스테네스의 말하기 3: 논리적 명확성

그의 연설에는 체계적인 논리가 있다. 자신이 미약하다고 여기고 행동하지 않은 우리는 용기가 없는 것이고, 적국의 필립왕은 자신의 미약함을 인정하지 않고 힘을 키워왔음으로 아테네를 유린할 수 있었다는 주장이다. 결국 우리가 진짜 두려워해야 할 대상은 필립왕이 아니라 우리 스스로가 미약하다고 생각하는 패배주의임을 말하는 것이다. 그것을 바탕으로 어떠한 풍문에도 두려워할 것 없이 우리는 미약하지 않다는 사실을 인정하고 싸워야 한다고 주장하는 구조이다. 아테네 시민들의 문제점을 각인시키고 그것을 극복하기 위한 행동을 보여주는 것이다.

수많은 고전과 철학서를 탐독한 끝에 그는 명문장가인 키케로의 칭송을 받을 만큼 뛰어난 스피치라이터로 거듭난다.

데모스테네스의 말하기 4: 비언어적 요소 활용

데모스테네스는 이야기를 할 때 어깨가 자꾸 올라가는 버릇이 있었다. 그는 이 버릇을 고치기 위해 천장에 날선 칼을 매달아두고 어깨가 올라가면 칼이 어깨를 베도록 만들었다. 거울 앞의 표정 연기도 꾸준히 했다. 이와 같이 연설은 끊임없는 훈련을 통해 연마한 적절하고 역동적인 제스처로 더욱 호소력 있게 완성되었다.

소크라테스와 데모스테네스의 만남

소크라테스 데모스테네스, 자네의 활약은 익히 들었네. 참 대단하더군. 다양한 생각을 가진 아테네 시민을 하나로 묶는 자네의 스피치는 인상적이야. 그런데 말이네. 좀 심한 거 아닌가?

데모스테네스 우선 저를 칭찬해주시니 감사합니다. 그런데 뭐가 심하다는 건가요?

소크라테스 그것을 자네가 정녕 모른다는 것인가? 자네의 독선에서 나오는 무지를 깨닫지 못하다니…. 참으로 개탄스럽네…. 하물며 자네는 또 정치인이 아닌가?

데모스테네스 돌려서 말하지 마시고 정확히 말씀해주십시오. 저는 대중들에게 지식을 전하고 계몽하며 설득을 했습니다. 그리고 말더듬이에서 최고의 스피커가 되도록 사람들을 가르치며 그들이 보다 나은 삶을 살도록 했습니다.

소크라테스 더 나은 삶이라는 것이 과연 무엇인가? 남을 속이면서까지 수단과 방법을 가리지 않고 목적을 쟁취한다면, 나는 행복하지만 다른 사람들은 어찌 되는가?

데모스테네스 지금 다른 사람까지 생각할 여유가 없습니다. 내 땅을 빼앗기게 생겼는데 모든 방법을 동원해서 지켜야지요. 일단 내가 살아야 다른 사람도 있는 겁니다. 소크라테스님처럼 모함을 받지 않고 스스로를 지키기 위해서는 힘이 필요합니다. 그 힘은 바로 '말'입니다.

소크라테스 중요한 것은 말이 아니라 마음이네. 설령 내가 억울함
이 있더라도 상대를 아끼는 마음, 상대를 배려하는 마음이 있
어야 진정한 설득이네. 진심이 없는 말은 칼이 되어 다시 돌아
올 걸세.

데모스테네스 진심이요? 진심은 상대적인 겁니다. 내가 모든 것을
잃었는데 진심이 밥 먹여주나요? 저는 당신의 입장에 동의할
수 없습니다.

이 광경을 지켜보고 있던 소크라테스의 제자, 아리스토텔레스
가 둘의 화해를 시도한다.

아리스토텔레스 스승님, 시대가 변했습니다. 우리가 아무리 절대 진
리에 대한 고민을 한다고 하더라고 대중이 그것을 알아주지
못하면 아무 소용이 없습니다. '지식을 전하는 말의 기술'이
필요합니다.

스승님의 일대일 산파술에는 한계가 있습니다. 어느 세월에
그리스 전역의 젊은이들을 하나씩 질문으로써 변화시키겠습
니까? 사형인 플라톤이 꿈꾸는 철인의 시대를 앞당기기 위해
서는 말의 기술, 수사학이 필요합니다. 물론, 소피스트의 방
법에 문제가 많이 있다는 것을 알고 있습니다. 문제가 되는

부분을 제가 잘 수정해서 학문으로 정립하겠습니다. 허락해
주십시오

그리고 데모스테네스님, 지금 하는 방법, 즉 수단과 방법을
가리지 않고 목표한 바를 얻고자 하는 말에는 한계가 있습니
다. 재판에서는 이길지 몰라도 신뢰를 잃고 사람을 잃습니다.
지금은 이긴 것처럼 보이지만 나중에는 사람이 떠나게 됩니
다. 스승님이 하신 산파술을 보십시오. 상대를 아끼는 마음으
로 대하니 진심이 통하지 않습니까? 기존의 방식 중 기만적
인 것, 윤리적 문제가 있는 것, 남을 속이는 것은 버리십시오.
우리의 철학과 당신의 말의 기술이 접목된다면 많은 아테네
시민들, 아니 후세에게 정말 필요한 학문을 남길 수 있습니
다. 그 작업은 제가 하겠습니다.

아리스토텔레스는 그의 스승들, 즉 주류 철학자들이 궤변이라
폄하한 소피스트의 기술을 정리하며 학문의 반열에 오르게 한다.
그리하여 그리스 철학자들의 논리학, 철학, 청중 중심의 소통에
소피스트의 설득술이 접목되어 수사학이 탄생했다.

2

수사학,
정의를 전달하다

진실은 진실함 자체로 거짓보다 설득력이 있다.

그러나 진실이 제대로 전달되지 않으면 능수능란한 거짓에 휘둘리게 된다.

아리스토텔레스는 진실이 승리하기 위해서는 '말의 사용법'을 아는 것이 필수라고 생각했다.

그리고 그러한 설득의 도구로써 수사학을 유용한 학문으로 보았다.

수사학은 진실의 전모를 조망함으로써 공격과 수비가 동시에 가능케 한 도구였으며,

그의 스승들이 강조한 진리와 정의가 힘을 발휘하는 데 큰 공헌을 할 수 있는 학문이었다.

04
아리토텔레스의
설득술

못 배우면 못 말한다

진실은 거짓보다 설득력이 훨씬 강하다. 하지만 그 진실이 제대로 전달되지 못하면 거짓이 이기는 경우도 종종 있다. 거짓을 말하는 상대방이 훨씬 경험이 많고 능수능란할 경우 당해낼 수 없기 때문이다.

수사학을 집대성한 아리스토텔레스도 같은 생각이었다. 특히 법정 변론에서 진실을 가지고도 지는 것은 '기술적 무지' 때문이라고 생각했다.

아리스토텔레스는 자신의 스승들과 소피스트가 화해하기를 바랐다.
그리고 그는 소피스트가 주장하는 내용을 집대성하여 '수사학'이라는 학문으로 정립하였다.

아는 자들이여, 실천하라.
이해하는 자들이여, 가르치라.

― 아리스토텔레스

우리가 아무리 정확하고 진실한 지식을 보유하고 있다고 해도,
그것만으로 설득하기 힘든 사람들이 있다.
지식을 잘 전달하는 교육이 필요하다.

아리스토텔레스는 주류 철학자와 소피스트의 중간자적 입장이었다. 그의 스승인 소크라테스와 플라톤은 수사학을 기교와 속임수로 폄하했지만, 그는 법정과 광장에서 소피스트가 하는 연설을 들으며 그것이 얼마나 큰 영향력을 발휘했는지 알았다. 아리스토텔레스는 중용의 입장을 취하며, 수사학을 상황에 따라 활용하면 좋은 것으로 받아들였다. 특히, 아리스토텔레스는 진실을 잘 전달하기 위한 기술을 교육하는 것에 대한 필요성을 주장했다.

자신의 몸을 스스로 방어할 수 없는 것은 수치스러워하면서 말
로 자신을 방어할 수 없는 것을 수치스러워하지 않는다면 부조
리한 것이다. 왜냐하면 말을 사용하는 것이 육체를 사용하는
것보다 인간에게 더 고유한 특성이기 때문이다.

아리스토텔레스는 진실이 승리하기 위해 '말의 사용법'을 아는 것은 필수적이라고 생각했다. 그는 소피스트가 득세하고 있는 시점에 그것을 무시해봐야 소용없다는 것을 알고 있었다. 그리고 그만의 방식으로 수사학을 정의하고 학문으로 정립했다.

하지만 아리스토텔레스의 고민은 깊었다. 소피스트를 궤변론자라고 폄하하던 그의 스승들의 모습이 떠올랐기 때문이다. 절대적 진리와 선을 추구했던 스승들 그리고 상황에 맞는 최선의 것을 추구하는 소피스트. 그가 원한 것은 결국 스승들과 소피스트의 화해였다.

수사학과 변증법

소피스트가 논의하고 주장하는 내용을 집대성하여 학문으로 정리한 그의 책 《수사학》의 첫 문장은 다음과 같다.

수사학은 변증법과 짝을 이룬다.

이는 수사학과 변증법이 서로 깊은 관련이 있다는 것을 의미한다. 즉 수사학이 단순한 말장난에 그치는 것이 아니라 변증법과 같이 논리적으로 사용된다는 의미다. 진정한 설득이란 논리적이고 이성적인 부분이 반드시 들어가야 한다는 것과 수사학이 어느 한 분야에만 적용되는 것이 아닌 모든 학문에 적용된다는 것도 의미한다. 변증법이 그러하기 때문이다. 이렇게 본다면 수사학은 단순히 설득을 위한 논리적인 도구가 아니라, 상황에 맞게 설득을 끌어낼 수 있는 방법을 찾는 학문이다.

아리스토텔레스는 수사학을 유용한 학문으로 보았다. 우선 그의 스승들이 강조한 진리와 정의가 힘을 발휘하는 데 수사학을 이용할 수 있었다. 수사학을 통해 상황에 맞는 핵심 진리를 전달할 수 있기 때문이다. 공적 영역, 특히 정치에서 있어 청중을 상대로 하는 말하기에 효과적이라고 생각했다. 그뿐만 아니라 상황의 전모를 조망함으로써 공격과 수비가 동시에 가능한 말하기 기술이라고 여겼다.

그래서 아리스토텔레스는 수사학을 커뮤니케이션 전반에 활용할 수 있는, 즉 모든 분야에 적용 가능한 논리적 도구로 여겼다. 그는 다음과 같이 수사학을 정의한다.

수사학은 각 경우와 상황에 따라 설득의 방법을 발견하는 기술.

언제나 적용 가능한 황금 법칙 같은 것은 존재하지 않을지라도, 상황에 맞게 설득의 방법을 찾아내는 수사학이야 말로 최고의 설득 기술이라고 본 것이다.

'생략삼단논법'이 더 효과적이다

아리스토텔레스는 논리적 추론에 대해 다음 3가지를 제시한다.

첫 번째, 로고스(Logos)다. 로고스는 '이성'적인 것으로 논리와 근거, 증거 등이 이에 해당된다.

두 번째, 파토스(Pathos)다. 파토스는 '정서'적인 것으로 청중과 관련이 있다. 청중의 마음은 어떤지, 어떤 이유로 그런 느낌을 갖게 되었는지 등을 파악하는 것이다. 한마디로 정서적 소통을 말한다. 세 번째, 에토스(Ethos)다. 에토스는 진정성에 대한 것으로, 말하는 사람이 어떤 사람으로 보여지는가의 문제다.

아리스토텔레스는 진정성을 다음과 같이 정의했다.

**화자의 인품이 그를 신뢰할 만한 인물로 만들 수 있을 때 설득
의 원인이 된다.**

결국 사람 됨됨이를 말하는 것이다. 학창시절로 예를 들자면 공부 잘하는 아이는 로고스, 친구가 많은 아이는 파토스, 반장으로 뽑히는 아이는 에토스가 뛰어나다고 할 수 있다. 아리스토텔레스가 본 최고의 설득 상황은 진정성을 가진 사람(에토스)이 청중의 마음(파토스)을 이해하고, 이성적(로고스)으로 말하는 것이다.

그렇다면 이성적으로 말한다는 것은 무엇일까? 아리스토텔레스는 '증거 제시'라고 말한다. 설득을 할 때는 관련 자료나 증언을 제시하는 것이 가장 좋지만, 만약 그럴 수 없는 상황이라면 논리

적 추론을 통한 증거를 제시해야 한다.

그 방법 중 대표적인 것이 '예증법'과 '삼단논법'이다. 예증법은 귀납적 방식으로 여러 사례를 들어 자신의 주장을 펴는 것이다. 반면에 삼단논법은 연역적 방식으로 진실이 입증된 일반화된 사실을 바탕으로 결론에 이르게 하는 방법이다. 대표적인 삼단논법은 다음과 같다.

모든 사람은 죽는다.   — **대전제**

소크라테스는 사람이다.   — **소전제**

소크라테스는 죽는다.   — **논리적 도출/결론**

이것을 예증법으로 한다면 다음과 같다.

사람 a는 죽었다.

사람 b도 죽었다.

따라서 사람인 소크라테스도 죽는다.

아리스토텔레스는 삼단논법보다 '생략삼단논법(enthymeme)'이 더 효과적이라고 말한다. 삼단논법에서 대전제나 소전제, 즉, 진실이라고 입증된 사실을 생략하고 바로 주장하는 것이다. 즉 "소크라테스는 사람이기 때문에 죽는다."라고 말하는 것이 생략삼단논법이다. "신들도 모든 것을 다 알지 못하기 때문에 인간은 더 말할 나위 없다." 이것은 인간이 신보다 열등하다는 대전제를 생략한 것이다. 우리가 일상생활에서 많이 쓰는 "~하기 때문에"가 바로 생략삼단논법이다.

대전제를 생략하면 청중 스스로 논리적 추론을 하게 된다. 아리스토텔레스는 일방적인 강요보다 스스로 생각하는 참여가 설득에 더 효과적이라고 말한다. 그러나 여기서 중요한 것은 말하는 사람이 결론을 맺어야 한다는 점이 열린 결론이 아닌 근거와 추론을 통해 말하는 사람이 명확한 결론을 내리는 것이다. 설득에 있어 선택이 많아지면 청중은 혼란스럽다.

컬럼비아대 경영학과 쉬나 아이엔가(Sheena Iyengar) 교수는 선택의 폭이 넓어지면 불확실성이 커지고, 나중에 하나를 선택하더라도 불만족스럽기 쉽다고 주장한다. 실제 잼을 고르는 실험에서도 6가지 안에서 고르는 것이 24가지 안에서 고르는 것보다 구매율이 더 높았다. 6가지 안에서 고르는 경우 70%가 잼을 구매를 했고, 24가지 안에서 고르는 경우에는 3%가 구매했다. 과거에는 결혼 상대자를 고를 때 선택의 폭이 그리 넓지 않았다. 기껏해야 같은 동네 사람들 중에서 선택하는 정도였지만 지금은 다르다. 인터넷을 통한 수많은 사람과의 접촉 등 선택의 폭이 과거에 비해 비교할 수 없을 정도로 넓어졌다. 하지만 그렇다고 해서 최적의 배우자를 선택할 수 있다고 단정지을 수 없다. 선택의 여지가 생긴다고 해서 결론에 대한 만족도가 높아지는 것이 아니란 말이다. 따라서 설득을 할 때는 타당한 근거를 바탕으로 결론을 확실히 내려주는 것이 좋다.

다만 생략삼단논법에서 주의해야 할 점이 있다. 생략한 대전제가 맞는지 따져봐야 한다. 즉 "~ 때문에"라는 방식의 말하기를 들을 때는 생략된 전제에 오류가 없는지 반드시 검토해보는 것이 필요하다.

예를 들면, "소크라테스는 착한 사람이기 때문에 살인을 하지 않았다."라는 주장은 문제가 있다. 대전제인 "착한 사람은 살인하지 않는다."는 진리가 아니기 때문이다. 착한 사람도 감정 조절이 안 되면 순간적으로 살인을 저지를 수 있다. 또 "소크라테스는 착한 사람이다."라는 소전제에도 문제가 있다. 소크라테스가 늘 착한 사람은 아니기 때문이다.

자신의 스승들이 그토록 싫어했던 소피스트의 수사학을 받아들이면서 아리스토텔레스는 아래와 같은 연설론을 정립한다.

첫째, 진실은 허위보다 더 많은 설득력을 가진다. 단지 제대로 전달되지 못해 문제가 발생하는 것이다.

둘째, 그렇기 때문에 청중에 맞는 연설이 필요하다.

셋째, 반박하기 위해서는 상대방의 주장을 미리 예상할 수 있어야 한다.

넷째, 이성과 감성의 조화, 언어와 비언어의 조화가 필요하다.

결국 아리스토텔레스가 말하는 설득술의 전제는 '이성적인 것과 감성적인 것의 적절한 조화'였다. 이것 역시 아리스토텔레스는 '상황의존적'이라고 말한다. 청중의 상태, 분위기에 따라 이성적 방법을 택할지, 감성적 방법을 택할지 아니면 둘 다 사용할지 결정해야 하기 때문이다. 로고스와 파토스의 적절히 조화, 그 밑바탕에 화자의 인품(에토스)이 깔려 있다면 금상첨화다.

05

믿을 만한 사람의
이야기

신뢰가 생기는 바탕, 에토스

양치기 소년은 여러 번 거짓말을 하면서 재미를 봤다. 여기서 질
문! 정말 늑대가 나타났다. 그리고 주어진 시간은 30분. 당신이 양
치기 소년이라면, 이 짧은 시간 안에 어떤 말로 마을 사람들이 나
를 믿게 할 수 있을까?

단언컨대 마을 사람들을 설득하는 일은 불가능하다. 왜냐하면
마을 사람들과 양치기 소년 간에는 이미 신뢰가 깨졌기 때문이다.
신뢰는 숲과 같다. 가꾸기도 어렵지만, 불에 타버리기도 쉽다. 신
뢰를 얻는다는 것은 설득 그 이상의 것, 사람을 얻는 것과 같다.

설득력은 다분히 의도적이고 자기중심적인 것임에 비해, 영향력은 상호간 신뢰를 바탕으로 나온다. 수사학은 비록 설득의 기술이지만, 신뢰와 관련이 깊다. 바로 '에토스'다. 아리스토텔레스가 말한 설득의 기술, 진정성과 신뢰에 관련된 것이 바로 에토스였다.

에토스는 '성격', '습관', '습성'이라는 의미의 그리스어다. 사람들에게 도덕적 감정, 즉 신뢰를 갖도록 만드는 요소다. 즉 말하기에 있어 에토스가 전제되었을 때, 믿을 만한 사람으로 보일 수 있고 청중은 그의 이야기를 더 신뢰한다.

아리스토텔레스에 따르면 에토스는 3가지로 구성된다. 먼저 프로네시스(phronesis), 실천적 지혜다. 사람들은 전문성과 실질적인 문제해결 능력을 가진 사람을 신뢰한다. 두 번째는 유노이아(eunoia), 선한 의지다. 이것은 말하는 사람의 메시지가 청중의 이익을 추구하는지 여부가 핵심이다. 마지막으로 아레떼(arete), 덕망과 도덕성이다. 단기간에 형성되지 않는 사람의 탁월성, 성품 등을 포괄한다.

2007년 미국 대선 출마를 선언한 오바마(Barack Obama)는 자신을 링컨(Abraham Lincoln)과 연결시키려 했다. 링컨이 오래 거주한 일리노이주 스프링필드에서 출마를 선언하며 링컨을 다음과 같이 언급한다.

스프링필드 출신의 키 크고 호리호리한 자수성가형 변호사는
우리에게 말의 힘을 가르쳐줬습니다. 그는 우리에게 희망의 힘
을 일깨워준 것입니다.

그리고 구체적으로 링컨이 자신의 의지와 말로써 미국을 어떻
게 변화시켰는지 연설했다. 에토스를 사용한 것이다. 특히 노예
해방자로서의 이미지와 국민을 하나로 묶는 화합자의 이미지를
부각시키고자 애쓰며, 링컨의 이미지와 자신의 이미지를 일치시
키고자 했다. 부시 정권이 자행한 보수와 진보의 분열을 남북 전
쟁과 동일시하며 이 갈등을 해소할 적임자는 자신이라고 말했다.
링컨이 가진 에토스를 자기에게 투영하기 위해 링컨과의 연관성
을 자주 언급한 것이다.

심지어 오바마는 대통령 당선 후, 취임식을 위해 워싱턴으로 갈
때 일부러 필라델피아에서 기차를 타고 가는 여정을 택했다. 이는
링컨이 1861년 대통령에 취임하던 당시의 여정이었다.

에토스를 구현하는 방법

그럼 에토스를 어떻게 구현할 수 있을까?

첫째, 전문가적 이미지를 구축해야 한다. 프로네시스를 구현하는 것이다. 연설을 할 때 앞부분에서 자신을 적절히 소개하는 방법이 있다. 예를 들어 내가 기업에서 강의를 한다고 치면, 곧바로 강의를 시작하는 것보다 '20년차 아나운서' '뉴스 앵커' '스피치 커뮤니케이션 박사'라는 프로필을 화면에 띄우며 짧게 설명하고 시작하면 내용면에서 훨씬 더 신뢰를 얻을 수 있다. 또는 청중 중에 지위가 높거나 신망이 높은 사람이 연사를 소개하는 것도 효과적이다. 사회자보다 그 모임의 좌장이 나와서 연사를 알게 된 계기와 약력을 소개하면 좋다.

둘째, 청중의 가치와 나의 가치가 같다는 것을 보여준다. 유노이아를 구현하는 것이다. 선한 의지는 결국 청중의 이익을 대변하는 이미지를 만드는 것이다. 말할 때 청중과의 관계, 인연 등을 언급하는 것이 좋다. 또한 청중 중 한 명을 언급하며 메시지를 전달하는 것도 효과적이다. 예를 들어 얼마 전 공장 방문 시 한 사원의 모습이 인상적이었다며 구체적 사례를 드는 것이다.

셋째, '덕'을 어필한다. 아레떼에 관한 것이다. 이것은 한번에 이루어지지는 않는다. 그리고 어설프게 했다가는 반감을 살 수도 있다. 오바마는 링컨과 자신을 동일시하고자 노력해 어느 정도 성공했지만, 여기서 자칫 잘못하면 문제가 생긴다. 자신이 그렇게 살아오지 않았는데 훌륭한 다른 사람과 동일시하면 안 되는 것이다. 연설에서는 자신의 평소 언행과 어느 정도 일치하는 사례를 드는 것이 중요하다. 그렇지 않으면 역효과가 난다.

아레떼는 향기와 같다. 나의 언행이 향기가 되어 자연스럽게 퍼지는 것이다. "화향천리행 인덕만년훈(花香千里行 人德萬年薰)"이라고 했다. 꽃향기는 천리를 퍼져나가고 사람의 덕은 1만 년 동안 향기롭다는 의미다. 이것이 진정한 에토스이며, 수사학의 정수다.

한 영화배우의 기막힌 연설

청중을 아끼는 유노이아가 고스란히 담긴 연설을 하나 소개한다. 이 연설은 2015년 5월 영화배우 로버트 드 니로(Robert De Niro)가 뉴욕주립대 예술대학에서 한 졸업식 축사다. 졸업생들을 생각하는 인생 선배의 마음이 한가득 담겨 있다.

여러분은 해냈습니다. 그리고 완전히 망했습니다. 생각해 보세요. 간호대학 졸업자는 모두 직업을 얻습니다. 치과대학 졸업자도 모두 고용이 됩니다. 비지니스 스쿨 졸업자도 일자리를 얻을 수 있습니다. 의과대학 졸업자도 각각 모두 일자리를 얻겠죠. 뉴욕대의 로스쿨 졸업자? 마찬가지입니다. 그리고 만일 직업을 못 얻는다 해도 그게 뭐 문제겠습니까? 그들은 변호사인데요.

회계학 전공자의 특기는 합리적 사고와 논리, 상식입니다. 하지만 예술대학에서 이성, 논리, 상식이라니요? 지금 장난하세요? 여러분은 선택의 여지가 없습니다.

여러분은 자신의 열정과 재능을 이 분야에서 발견하고, 인식하였습니다. 여러분은 회계학 같은 그런 선택을 하지 않았습니다. 여러분이 예술에 대한 재능을 가지고 있다면, 싸워서 이뤄야 합니다.

예술 분야에서 '열정'이라는 것은 '이성'을 이깁니다. 여러분은 그저 여러분의 꿈을 좇아 나아가고 여러분의 운명에 도달해야 하는 것입니다.

여러분들은 댄서, 안무가, 음악가, 감독, 사진가, 디렉터,

프로듀서, 배우 그리고 예술가들입니다.

네, 맞습니다. 여러분들은 예술가예요. 완전히 망한 거죠. 하지만 좋은 뉴스가 하나 있는데, 그러한 시작도 그리 나쁘지는 않다는 것입니다.

여러분의 진로는 분명합니다. 쉽지는 않겠죠. 여러분은 그냥 계속 일하기만 하면 됩니다. 아주 단순합니다.

이것은 시작입니다. 앞으로 여러분을 위한 새로운 문이 당당히 기다리고 있을 것입니다. 여러분을 기다리고 있는 그 문은 '평생 거절'의 문입니다. 그것은 피할 수 없는 사실입니다. 그것은 졸업생들이 현실 세계라고 부르는 것입니다. 고통스럽겠지만, 고통 없이 우리가 무슨 일을 할 수 있겠습니까?

물론 거절은 고통스럽습니다. 여러분은 감독, 배우, 안무 등의 일자리를 찾는 과정에서 무수한 실패를 경험하게 될 것입니다. 여러분은 배역을 따기 위해 많은 오디션을 거쳐야 하고 자신의 능력을 감독이나 투자자들에게 보여줘야 합니다. 그렇지만 여러분이 배역에 대해 갖고 있는 생각과 그들의 생각이 반드시 같지는 않습니다.

때로는 감독에 의해, 작가나 투자자에 의해, 때로는 동료 배우에 의해 당신의 진로가 바뀌곤 합니다. 그들이 하는 말을 모두 귀담아 듣되, 당신 자신의 소리도 들으세요.

만일 누군가 예술을 전공하려 한다면, 스스로를 성장시키고 열린 마음을 가진 사람이 되는 법을 배우라고 이야기하고 싶습니다. 바로 이곳 티시 스쿨 같은 곳에서. 그들은 자신의 재능과 불타는 열정을 발견하고 다른 많은 사람들과 협력하면서 연기를 하게 될 것입니다.

저는 여러분이 자신이 맡은 역할에서 실패를 하게 된다 해도 그 모든 것을 자신의 책임으로 돌리지는 말라고 조언하고 싶습니다. 왜냐하면 당신은 자신이 맡은 최선을 다했기 때문입니다.

여러분은 학교에서 전부 A를 받는 학생이었나요? 그렇다면 졸업을 축하합니다. 현실에서 여러분들은 결코 두 번 다시 전부 A를 받을 수 없습니다. 인생에는 오르막과 내리막이 있으니까요.

여러분은 이제 졸업을 하고, 맞춤 티셔츠를 입게 될 것입니다. 뒷면엔 거절이라는 단어가 적힌 티셔츠를…. 하지만 그 티셔츠 앞에는 '다음' 이라는 단어가 적혀 있습니다.

06
청중은
무엇을 듣고 싶어 하는가

공감이 만드는 연결고리

그리스 법정 앞에 수많은 사람들이 모였다. 법정이란 늘 소란스러운 곳이지만 오늘은 여느 때와 달랐다. 바로 법정에 선 피의자가 소크라테스였기 때문이다. 그리스 젊은이들을 미혹시켰다는 죄명으로 법정에 선 소크라테스. 그는 자신이 무죄라고 설득하기 위해 이야기를 시작했다. 그리스가 어떻게 생겨났는지 그리고 그리스를 지키기 위해 자신이 전투에서 어떻게 싸웠는지 생생하게 들려준다.

플라톤의 《대화》에는 소크라테스가 법정에서 한 자기 변론에 대한 이야기가 나온다. 이야기에는 수도 없이 다양한 사람의 이름들이 구체적으로 언급되어 있다. 그 당시의 배심원들에게는 이 부분이 흥미진진했을 것이다. 왜냐하면 언급된 그 이름들은 배심원들의 아버지, 할아버지였기 때문이다. 그는 청중이 아는 사람들의 이야기를 예로 들며 그리스의 정신이 무엇이고, 그것을 지키기 위해 우리의 선조들이 어떻게 싸워왔는지 설명한다.

서로 알고 있는 이야기에는 힘이 있다. 공감은 사람들 사이에 연결고리를 만든다. 연결고리가 만들어지면 설득의 메시지가 훨씬 더 수월하게 전해질 수 있다.

예전의 법정에서는 결과만을 놓고 판결이 이루어졌다면 소피스트가 법정 변론을 가르치며 정황, 증거와 개연성이 들어온다. 개연성이란 사람이 살아가면서 겪을 수 있는 경험을 바탕으로 한다. 모든 일을 절대적 시각으로 보는 것이 아니라 처지, 입장, 상황에 따라 다르게 보는 것이다. 사람이 죽은 사실도 중요하지만 왜 죽게 되었는지, 의도적인 살인이었는지 우연이었는지 밝히는 것이 바로 개연성이다. 이 개연성에는 이야기가 들어 있다.

소피스트의 초기 저술을 보면 다음과 같은 법정에서 일어난 다양한 이야기가 나온다.

허약하지만 두려움을 모르는 남자가 힘은 세지만 겁쟁이인 남

자의 물건을 강탈했다. 재판이 열렸다. 둘 중 누구도 진실을 말하지 않는다. 두 사람은 사건의 경과에 대해 자신에게 유리한 동시에 그럴듯한 진술을 한다. 원고는 자신이 겁이 많다는 사실을 고백하지 않기 위해 피고에게 공범자가 있었다고 주장한다. 피고는 이것을 부인하고 자기처럼 허약한 사람이 그런 일을 혼자서 한다는 것은 전혀 불가능하다고 단언한다.

소피스트는 이러한 법정의 다양한 이야기를 통해 자신들의 설득 논리를 보강하였다. 결국 그들의 힘은 이야기에서 나온다. 이번 재판의 배심원들이 누구이며 그들이 어떤 이야기를 좋아하는지 알고 있는 것이 설득의 가장 큰 무기인 것이다.

좋은 이야기의 3가지 조건

그렇다면 좋은 이야기의 조건은 무엇일까?

첫째, '진실성'이다. 꾸며낸 이야기는 처음에 그럴듯해 보이지만 시간이 지날수록 거짓임이 드러난다. 진실한 이야기는 전하는 이의 언어뿐 아니라 표정, 목소리, 손짓 등 비언어적 요인을 통해 청중에게 더 큰 감동을 선사한다. 이야기는 상상하는 힘을 가진다. 직접 경험한 것을 말하는 사람은 그 당시를 상상하며 자연스럽게 음성과 모습에서 그 진심을 드러내게 된다.

둘째, '감정 이입'이다. 인간의 희노애락 같은 보편성이 들어가 있어야 한다. 서민을 대상으로 하는 강연에서 자신의 호화 크루즈 세계일주를 이야기한다면 누가 공감하고 이해하겠는가? 보통 사람들이 느끼는 보통의 감정들을 이야기에 담는 것이 가장 효과적이다. 뛰어난 화자는 자신의 삶 속에서 재미있었던 일, 가슴 아팠던 일 등 진심이 담긴 이야기를 꺼내 풀어낸다.

셋째, 사람들이 '원하는 내용'이 포함되어야 한다. 그 시대, 그 상황의 사람들이 무엇을 원하는지 알아야 한다. 소피스트들은 많은 여행과 만남을 통해 일반 대중들이 무엇을 원하는지 어떤 감정을 가지고 있는지 알고 있었다. 단절된 나만의 공간과 책 속에서는 시대의 정신과 흐름을 파악할 수 없다. 온실 속의 화초처럼 좋은 교육을 받으며 순탄한 길을 걸어온 사람과 갖은 어려움과 좌절을 겪은 사람의 이야기는 근본적으로 차이가 있다. 대중과 같이 생활하며 느끼는 감정을 표현하는 것이 최고의 스토리텔링이다.

마지막으로 실감나게 말하는 것이 중요하다. 이것은 전달의 문제로 아무리 좋은 내용이라 하더라도 적절하게 표현하지 못하면 이야기의 힘이 반감된다는 의미다. 내용도 중요하지만 그 내용을 담고 있는 그릇 역시 중요하다. 소피스트들은 자신들의 이야기를 어떻게 실감나게 전달했을까?

전달의 힘 STAR

마케도니아 필립왕이 아티카를 정복했다. 정복 후 필립왕은 아티카에 전리품을 요구하는데, 토지나 금은보화가 아닌 웅변가 6명이라고 말했다. 아티카의 정치인들은 다행이라고 생각했다. 그런데 명연설가 데모스테네스는 다음과 같은 이야기와 사례로 정치인들을 설득했다.

> 여러분 생각해보십시오. 늑대와 양떼가 서로 전쟁을 벌였습니다. 물론 양떼가 힘없이 지고 말았습니다. 그리고 늑대는 양떼에게 휴전의 조건으로 양을 지키는 개를 달라고 합니다. 여러분은 어떻게 하시겠습니까? 그나마 늑대가 오는지를 미리 발견해주는 최소한의 보호 장치인 양치는 개를 늑대에게 넘기시겠습니까? 넘긴다면 늑대들은 앞으로 아무런 제지 없이 양을 유린할 것입니다. 바로 필립왕이 요구하는 웅변가 6명은 우리를 지켜주는 양치기 개입니다.

적절한 사례와 비유를 통한 이야기가 설득에 있어 어떤 효과를 가져오는지 잘 보여주는 사례다.

소피스트는 자신이 경험한 이야기를 실감나게 전달한 후 그 경험을 통해 얻은 바를 설명했다. 그리고 자신의 주장을 전달했다. 즉 '이야기' – '느낀 점이나 교훈' – '본인의 주장' 형식이다.

오바마는 대선 경선 시절, 자신의 정치적 스승인 라이트 (Jeremiah Wright) 목사가 인종 차별 논란에 휩싸였을 때 직접 연설을 통해 정면 돌파를 시도했다. 보통은 스핀닥터(여론 홍보 전문가)를 내세워 분위기 반전을 노리지만 그는 대중 연설을 통해 자신의 의견을 다음과 같이 전했다.

> 저는 흑인 공동체를 버릴 수 없는 것 이상으로 라이트 목사와의 인연을 끊을 수 없습니다. 백인 할머니를 버릴 수 없는 것처럼 그를 외면할 수 없습니다. 할머니는 저를 키우셨고, 저를 위해 끊임없이 희생했으며, 저를 세상 그 무엇보다 사랑하는 분입니다.
> 하지만 할머니는 언젠가 길에서 흑인 남자들이 옆으로 지나가면 무섭다고 털어놨고, 종종 인종적 편견을 드러내서

저를 당혹스럽게 했죠. 이 사람들은 저의 일부입니다. 제가 사랑하는 미국의 일부이기도 합니다.

이것이 바로 지금 우리의 현실입니다. 우리는 수년째 인종적 교착상태에 빠져 있습니다. 저는, 흑인이든 백인이든 저를 비판하는 사람들의 주장과 달리, 단 한 번의 선거와 단 한 사람의 후보자, 특히나 저처럼 불완전한 후보자로 인해 우리가 인종 갈등을 뛰어넘을 수 있다고 믿을 만큼 순진하지 않습니다.
하지만 저의 신앙과 미국 국민에 대한 믿음으로부터 나오는 굳은 확신이 있습니다. 함께 노력한다면 오랜 인종적 상처를 딛고 나아갈 수 있으며, 보다 완전한 통합의 길로 계속 나아가기 위해선 실상 그것밖에 다른 선택의 여지가 없다고 말입니다.

미국 흑인들에게, 통합으로 향하는 길은 과거의 제물이 되지 않으면서 과거의 짐을 포용하는 것입니다. 곧 미국인의 삶 모든 측면에서 정의를 실현할 온전한 조처들을 끊임없이 주장해야 하는 것입니다. 그러면서 한편으로 각자의 욕구, 이를테면 더 나은 건강보험, 더 좋은 학교와 직장 같은 개개인의 바람, 모든 미국인 그러니까 유리천장을 뚫고자 하는 백인 여성, 실직한 백인 남성, 가족을 먹여 살리려는 이민자를 포함한 모든 미국인의 큰 염원과 결부시켜야 합니다.

이는 다시 말해 우리가 각자의 삶에 온전한 책임을 져야 함을 뜻합니다. 부모에게 더욱 헌신하고, 자녀에게 더 많은 시간을 내어 책을 읽어주면서 말입니다. 그뿐만 아니라, 살면서 역경과 차별에 맞닥뜨리더라도 절대 절망하거나 냉소해서는 안 되며, 누구나 자신의 운명을 개척할 수 있음을 믿어야 한다고 아이들에게 가르쳐야 합니다.

오늘 특별히 여러분께 남기고 싶은 얘기가 있습니다. 마틴 루터 킹 목사가 그의 생일에 애틀랜타에 있는 교회본당에서 연설한 내용이기도 합니다.

24세의 백인 여성이 있습니다. 이름은 애슐리 바이아. 그녀는 사우스캐롤라이나의 플로렌스에서 우리의 선거운동을 위해 조직을 꾸렸습니다. 그녀는 선거 캠페인 초기부터 주로 흑인 공동체를 조직해왔습니다. 어느 날, 사람들이 모여서 왜 선거 캠페인에 참여하게 됐는지 이야기를 나누는 자리에 그녀도 끼어 있었습니다.

애슐리는 자신이 아홉 살 때 어머니가 암에 걸렸다고 말했습니다. 어머니는 어쩔 수 없이 며칠 결근을 했고, 결국 그로 인해 해고를 당했습니다. 그래서 건강보험도 상실했지요. 애슐리 가족은 파산 신청을 할 수밖에 없었고, 애슐리는 그때 어머니를 돕기 위해 뭔가 해야만 한다고 결심했다고 합니다.

그녀는 생활비 중 식비가 가장 많이 든다는 걸 알았고, 어머니에게 자신이 가장 좋아하고 먹고 싶은 것은 겨자소스가 들어간 샌드위치라고 거짓말했습니다. 당시 그게 가장 저렴하게 끼니를 때우는 방법이었거든요.

애슐리는 엄마의 병이 나을 때까지 1년 동안 그렇게 했습니다. 그녀는 토론회에 참석한 사람들에게, 자신이 선거운동에 동참한 이유는 자신처럼 부모를 돕고 싶고, 또 도와야만 하는 수백만의 어린이를 도울 수 있을 것 같았기 때문이라고 말했습니다.

애슐리는 다른 선택을 할 수도 있었습니다. 아마 혹자는 그녀에게, 네 엄마의 문제는 복지 혜택을 받으면서 일 안 하고 게으르게 사는 흑인이나 히스패닉 불법 이민자들 때문이라고 말했을 겁니다. 하지만 그녀는 다른 선택을 하지 않았습니다. 그녀는 부당함에 맞서 싸울 연대를 찾아 나섰습니다.

애슐리는 그렇게 자신의 이야기를 끝내고, 다른 사람들에게 왜 선거 캠페인에 참여하게 됐는지 물어봅니다. 사람들에겐 저마다 다른 사연과 이유가 있었습니다. 많은 사람이 구체적인 사안들을 얘기합니다. 그리고 마지막으로 내내 조용히 듣고만 있던 나이 지긋한 흑인 차례가 됐습니다. 애슐리가 이 흑인에게 물었습니다. 흑인은 구체적인 이슈를 들먹이지 않습니다. 건강보험이나 경제에 대해 얘기하는 것도 아닙니다. 교육이나 전쟁에 대한 얘기도 아닙니다. 버락 오바마 때문에 온 것이라고 말하지도 않습니다. 다만 짧게, "나는 애슐리 때문에 여기 있습니다." 라고 말합니다.

"나는 애슐리 때문에 여기 있습니다."
이 말만으로, 젊은 백인 여성과 나이든 흑인 남성 간의 그

짧은 인식의 순간을 설명할 수 없습니다. 아픈 사람에게 건강보험 혜택을 주고, 실직자에게 일자리를 주고, 우리 아이들에게 교육을 제공하는 것으로 충분치 않습니다. 그러나 우리는 거기에서 출발합니다. 우리의 통합을 더 강하게 성장시키는 지점이 바로 거기입니다. 한 무리의 애국자들이 필라델피아에서 헌법에 서명한 이래로 221년간 수많은 세대가 깨달았던 것처럼, 거기가 바로 완전한 통합의 출발점입니다.

오바마가 이 연설에서 사용한 말하기 구조는 다음과 같다.

이야기1 자신이 사랑하는 백인 할머니조차도 인종차별적 언사를 했던 사례
의미부여 깊게 뿌리박혀 있는 인종차별 문제
주장 인종차별을 극복하기 위해서는 '공감'이 필요함
이야기2 소녀 애슐리 사례

이는 소피스트의 설득 방식과 매우 흡사하다. 하지만 이야기라는 요소가 설득에 효과적이라고 해서 아무 이야기나 가져다 말하

는 것은 당연히 좋지 않다. '이야기'가 주는 '의미'를 통해 나의 '주
장'을 효과적으로 전달하는 것이 중요하다. 또한 그 이야기는 우
리의 경험을 통해서 나온 것이 좋다.

이를 아래와 같이 'STAR' 기법으로 정리하여 알아두자.

Situation(상황) 경험한 이야기

Task(얻은 교훈/목표) 경험을 통해 얻은 교훈과 목표

Action(행동) 교훈을 통한 행동

Result(결과) 얻게 된 결과

상황(situation): 미국 연수를 갔을 때 일입니다. 구글에 방문했
다가 충격을 받았습니다. 인터넷 검색 회사에서 자동차 편의 장치
를 만들고 있었습니다. 그리고 훌륭했습니다. 독일의 자동차 회사
와 계약을 맺고 하반기 출시를 앞두고 있었습니다.

얻은 교훈/목표(task): 왜 우리 회사는 이런 편의 장치를 만들
지 못했는지 반성하게 되었습니다. 우리는 그동안 자동차를 운송
수단으로만 생각해왔습니다. 잘 달리면 된다고 생각했지, 그 안에
있는 사람의 편의는 생각하지 못했습니다.

행동(action): 저는 귀국 후 원점에서 모든 것을 검토하기로 했

오바마가 연설에 사용한 말하기 구조는 소피스트의 연설문에 사용된 구조와 매우 흡사하다.

내 직업은 국민들에게
정부를 대변하는 것이 아니고,
정부에게 국민들을 대변하는 것이다.

_ 오바마

습니다. 차를 운송수단이 아닌 편의수단이라는 가정 아래 모든 공정을 재검토하기로 했습니다. 비록 시간이 걸리고 비용이 들지만 지속적으로 논의했습니다.

　결과(result): 단기간에 이렇다 할 성과가 나오지 않을 것을 알고 있습니다. 하지만 저희 부서와 회사 전체의 인식에 변화를 주는 것에는 성공했습니다. 달리는 성능만큼, 아니 그 이상으로 사람이 탄 내부 공간의 편의 장치가 중요하다는 사실을 깨달았기 때문입니다. 다음 달에 저희의 첫 작품이 나옵니다. 기대해주십시오.

07

감성이
이성을 이긴다

브루투스의 이성적인 연설

"왔노라, 보았노라, 이겼노라(veni, vidi, vici)."로 정복의 감격을 표현했던 율리우스 카이사르(Gaius Julius Caesar)는 전제정치를 꾀한다는 의심을 받아, 브루투스(Marcus Junius Brutus)와 카시우스(Caius Longinus Cassius) 등의 공화정 옹호파에 의해 암살당했다. 브루투스의 칼에 찔렸을 때, 그가 "브루트스, 너마저!"라고 하며 죽어갔다는 일화는 유명하다.

그가 죽고, 성난 로마 시민들 앞에서 부르투스는 연설을 했다. 그가 왜 카이사르를 죽일 수밖에 없었는지 설명해야 했기 때문이다.

로마인이여, 동포들이여, 친구들이여,

나의 이유를 들어주시오. 듣기 위해 조용히 해주시오. 나의 명예를 생각하시고 나를 믿어주시오. 믿기 위해 나의 명예를 생각해주시오. 여러분은 현명하게 나를 판단해주시오. 현명하게 판단하기 위해 여러분의 지혜를 일깨워주시오.

만일 여러분 중에 카이사르의 친구가 있다면, 나는 그에게 이렇게 말하고 싶소. 카이사르에 대한 브루투스의 사랑도 당신의 것만 못하지 않다고.

그러면 왜 브루투스는 카이사르에게 반기를 들었느냐고 묻거든, 나의 대답은 이것이오. 내가 카이사르를 덜 사랑했기 때문이 아니라 로마를 더 사랑했기 때문이라고.

여러분은 카이사르가 죽고 만인이 자유롭게 사는 것보다 카이사르가 살고 만인이 노예의 죽음을 당하는 것을 원하시오?

카이사르가 나를 사랑한 만큼 나는 그를 위해 울고, 카이사르에게 행운이 있었던 만큼 나는 그것을 기뻐하고, 카이사르가 용감했던 만큼 나는 그를 존경하오. 그러나 그가 야심을 품었던 까닭에 그를 죽인 것이오. 그의 사랑에 대하여 눈물이 있고 그의 행운에 대해서는 기쁨이 있고 그의 용기에 대해서는 존경이 있고, 그의 야심에 대해서는 죽음이 있소.

여러분 중에 노예가 되길 원하는 비굴한 사람이 있소? 있으면 말하시오. 나는 그에게 잘못을 저질렀소.
여러분 중에 로마인이 되길 원하지 않는 야만적인 사람이 있소? 있으면 말하시오. 나는 그에게 잘못을 저질렀소.
여러분 중에 조국을 사랑하지 않는 비열한 사람이 있소? 있으면 말하시오. 나는 그에게 잘못을 저질렀소.

나는 이제 말을 멈추고 대답을 기다리겠소.
한 사람도 없소? 그렇다면 여러분이 내가 한 일을 책망하지 않는다는 것을 알겠소.

안토니우스의 감성적인 연설

이 연설을 듣고 많은 로마 시민들은 브루투스를 이해하고 진정하게 되었다. 바로 그 시점에 카이사르의 충복이었던 안토니우스 (Marcus Antonius)가 카이사르의 피 묻은 망토와 유언장을 가지고 나와 다음과 같이 연설을 한다.

친애하는 로마 시민 그리고 동포 여러분,

내 말에 귀를 기울여주십시오. 나는 카이사르를 찬양하기 위해서가 아니라 그의 시신을 장사지내기 위해 왔습니다. 사람들이 저지르는 죄악은 그들이 떠난 뒤에도 살아남지만, 선행은 백골과 함께 묻혀버리는 경우가 많습니다. 카이사르! 그 또한 마찬가지라고 해도 과언은 아닐 것입니다.

고귀하신 브루투스는 방금 카이사르가 야심을 품었다고 말했습니다. 정말로 그렇다면 그것은 한탄스러운 잘못이었고, 그런 잘못으로 인해 비참하게 최후를 맞은 카이사르의 죽음 역시 인과응보였다고 말할 수밖에 없을 것입니다.

여기 현명하신 브루투스와 역시 현명한 사람들인 그 일파의 허락을 받아 나는 카이사르의 장례식에 나왔습니다. 그는 나의 친구였고, 나에게 성실하고도 공정했습니다. 그러나 브루투스는 그가 야심가였다고 말하고 있습니다. 카이사르가 과연 어떠했습니까? 카이사르는 외적을 토벌할 때마다 수많은 포로들을 로마로 데려왔고, 그들의 몸값을 받아 이 나라의 국고를 가득 채웠습니다. 그 과정에서 한 푼도 자기 것으로 챙기지 않았습니다. 이것이 야심에서 우러난 행동입니까?

가난한 이들이 굶주림에 울부짖을 때, 카이사르는 그들과 함께 울었습니다. 이것이 야심입니까?

야심이란 이보다 더 매정스럽지 않고서는 품을 수 없는 마음입니다. 그런데도 브루투스는 그가 야심가였다고 말하고 있으니 참으로 현명하신 분이 아닐 수 없습니다.

여러분도 몸소 보셨으리라 생각합니다. 루페르칼리아 축제에서, 나 안토니우스가 3번이나 카이사르에게 왕관을 바쳤습니다. 그러나 그는 3번 모두 단호하게 거절했습니다. 이래도 카이사르에게 야심이 있었다고 하겠습니까? 그런데도 브루투스는 그가 야심가였다고 말하고 있으니 참으로 현명하신 분이 아닐 수 없습니다.

나는 브루투스의 연설을 반박하려는 게 아닙니다. 그저 내가 알고 있는 바를 말하고자 할 뿐입니다. 여러분은 한 때 카이사르를 사랑했고, 그럴 만한 이유도 있었습니다. 그렇다면 무슨 이유로 여러분은 그를 위해 애도하지 못하게 되었습니까?
아, 정의의 신이여. 당신은 흉포한 야수에게로 도망쳐버렸고, 사람들은 이성을 잃고 말았습니다. 용서하십시오. 내 심장이 저기 저 관 속에 있는 카이사르에게 가버렸으니, 나에게 다시 돌아올 때까지는 나는 말을 이을 수가 없습니다.

어제까지만 하더라도 카이사르의 말은 전 세계와 맞설 수 있었습니다. 그러나 지금 그는 저기 누워 있고, 이제 아무도 그를 경배하지 않습니다. 여러분, 내가 여러분의 가슴과 마음을 뒤흔들고 격분을 자아내어 폭동을 일으키려 한다면, 브루투스에게도 카시우스에게도 잘못을 저지르게 되는 것입니다. 여러분이 모두 알다시피 그들은 현명한 사람들입니다. 나는 그와 같이 현명한 사람들에게 덤비는 것보다는 차라리 죽은 자에게, 나 자신과 여러분에게 화살을 돌리겠습니다.

여기 카이사르의 도장이 찍힌 문장이 있습니다. 그의 밀실에서 찾아냈는데, 이것은 그의 유서입니다. 이 유언은 평민들만 들어주십시오. 아니, 죄송합니다. 읽지 않겠습니다. 그들은 숨진 카이사르를 찾아가 그의 상처에 입 맞추려고 했고, 그의 거룩한 피를 손수건에 묻혔습니다. 그렇습니다. 그들은 기념으로 그의 머리카락 한 오라기를 달라고 간청했습니다. 세상을 떠날 때 자신들의 유서에 그 사실을 언급하고 후손들에게까지 귀중한 유산으로 물려주겠노라고 말입니다.

참으십시오, 여러분. 이 유서를 읽어서는 안 됩니다. 카이사르가 여러분을 얼마나 사랑했었는지를 알게 되면, 좋을 리가 없습니다. 여러분은 나무나 돌이 아니라 사람입니다. 그리고 사람인 까닭에 카이사르의 유언을 들으면, 여러분은 감정이 폭발하여 광란하게 될 것입니다.

여러분이 그의 상속자라는 사실을 알게 되면, 좋을 리가 없습니다. 여러분이 그것을 알게 되면, 어떤 사태가 벌어질지 두렵습니다.

여러분, 좀 참아주시겠습니까? 잠시만 기다려주십시오. 여러분에게 유서 이야기를 한 것은 실수였습니다. 나는 비수로 카이사르를 찌른 저 현명하신 분들에게 폐를 끼치게 될까 두렵습니다.

그러면 이 유서를 기어코 읽어달라는 겁니까? 그렇다면 카이사르의 시신 주위에 둘러서십시오. 그러면 그 유언을 남긴 분을 여러분께 보여드리겠습니다. 내가 내려갈까요? 허락해주시겠습니까?

여러분에게 눈물이 있다면 지금 흘릴 준비를 하십시오. 여러분은 모두가 이 망토를 기억하고 있습니다. 보십시오. 이 자리로 카시우스의 비수가 뚫고 들어갔습니다. 이 옷이 어떻게 찢겨졌는지 보십시오. 이곳으로는 카이사르의 따뜻한 사랑을 받은 브루투스가 비수를 꽂았습니다. 브루투스가 그 저주받은 칼날을 뽑고, 카이사르의 피가 흘러내린 자국을 보십시오.

그때 카이사르는 그처럼 무례하게 문을 두들긴 자가 브루투스였는가를 확인하려고 밖으로 달려 나가는 길이었습니다. 왜냐하면, 여러분도 알다시피 브루투스는 카이사르의 천사였기 때문입니다.

아, 신들이여. 카이사르가 그를 얼마나 지성스레 사랑했던가를 판가름하십시오. 이것이야말로 그 무엇보다 매정한 일격이었습니다. 고귀한 카이사르는 칼을 쥐고 덤비는 브루투스를 보자, 반역자들의 칼날보다도 더 무서운 배은망덕에 넋을 잃었고, 그의 튼튼한 심장은 터지고 말았습니다. 그리고 폼페이우스의 조각 밑둥까지 줄곧 피를 흘리던 그의 얼굴을 가린 망토 안에서 위대한 카이사르는 쓰러졌습니다. 아, 동포 여러분, 그 자리에 무엇이 쓰러졌겠습니까! 그때 나와 여러분, 우리 모두가 쓰러진 것입니다. 그리고 피비린내 나는 반역이 우리를 뒤덮었습니다.

여러분의 가슴속에 동정의 기운이 꿈틀거리기 시작했으니, 이제 우십시오. 그것은 자애로운 눈물입니다. 마음이 고운 영혼들이여, 여러분이 본 것은 우리 카이사르의 상처난 옷가지일 뿐인데도 울고 있습니까? 여기를 보십시오. 보다시피 반역자들이 난도질한 그의 시신이 있습니다.

착한 친구들, 마음씨 고운 친구들이여,
여러분을 선동하여 돌발적인 홍수와도 같은 폭동을 몰고
와서야 되겠습니까? 이 짓을 한 그들은 현명한 사람들입
니다. 그들은 고귀하고 명예로운 자들이기에, 여러분에
게 이치를 따져 대항할 것이 틀림없습니다. 나는 여러분
의 마음을 훔치기 위해 말한 것이 아닙니다. 나는 브루투
스와 같은 웅변가가 아닙니다. 다만 여러분 모두가 알고
있는 바와 마찬가지로 친구를 사랑하는 평범한 인간입니
다. 그들은 이 사실을 충분히 알고 있었기에, 내가 공개석
상에서 카이사르에 대한 이야기를 할 수 있도록 허락해준
것입니다.
나에게는 사람의 피를 끓게 할 기지도, 말도, 가치도, 행동
도 없으며, 그러한 목소리도 언변도 없습니다. 나는 여러
분 스스로 알고 있는 바를 말하고 있을 뿐입니다. 여러분
에게 자애로운 카이사르의 상처들을 보여드리면서, 이 가
엾고도 가엾은, 아무 말도 못하는 상처가 나를 대신해 말
해줄 것을 간청하고 싶은 심정입니다. 그러나 내가 브루

투스요, 브루투스가 안토니우스라면, 안토니우스는 여러분의 기개를 북돋우고 카이사르의 상처마다 혀를 달아, 로마의 돌마저 감동하게 하여 일어나 폭동을 일으키게 할 것입니다.

여러분, 카이사르가 여러분의 사랑을 받을 만한 일이 무엇이었다고 생각하십니까? 아아, 여러분은 모르고 있습니다. 그러니 내가 말해드리지요. 여러분은 카이사르의 유서를 잊어버렸습니다. 여기 카이사르의 도장이 찍힌 유서가 있습니다. 그는 모든 로마 시민 한 사람 한 사람에게 75드라크마를 남겼습니다. 거기다 그분은 테베레 강 위쪽에 있는 자기의 산책로, 개인의 정자와 새로 심은 과수원을 모두 여러분에게 남겨주었습니다. 여러분에게, 그리고 여러분의 후손들에게 영원히 남겨 주었습니다. 여러분이 밖으로 나가 산책을 하며 휴식할 수 있고, 또 그것은 여러분 모두의 기쁨이 될 것입니다.
여기 한 사람의 카이사르가 있었습니다. 언제 또 그러한 사람이 나오겠습니까?

감성이 이성을 이길 때

브루투스는 카이사르를 죽인 이유를 논리적이고 이성적으로 제시했다. 그가 야심을 가지고 있었고 그 야심이 로마를 해할 수 있으므로 로마를 지키기 위해 자신이 카이사르를 죽일 수밖에 없었다는 논리다.

하지만 안토니우스는 수사학적 언변보다 감성적인 자극으로 접근한다. 평민을 위한 행동을 한 것이 야심이었는지 묻고 그의 유서를 공개함으로써 로마 시민에 대한 카이사르의 사랑을 입증한다. 그리고 23군데 자상이 있는 카이사르의 시신과 망토를 공개함으로써 로마 시민을 자극한다.

설득에 있어서는 이성보다 감성적 접근이 훨씬 효과적일 수 있다. 특히 연설의 앞부분에 감성적인 내용을 위치시키면, 사람들의 집중도가 높아지고 그에 대한 자극으로 인해 내용을 오래 기억하게 된다. 물론 시간이 경과함에 따라 이성적 접근이 더 효과를 발휘하기도 하지만 짧은 시간 안에 설득할 때는 대체적으로 감성적 접근과 증거가 훨씬 효과적이다.

또 유서를 공개함에 있어서도 청중의 관심을 불러일으키기 위한 치밀한 계산이 있었다. 바로 공개하지 않고 주저하는 모습을 통해 그들의 관심을 증폭시킨 것이다. 특히 카이사르의 참혹한 시신을 보여준 후 유서를 공개함으로써 청중의 분노가 극에 달하도록 유도했다.

　브루투스와 안토니우스의 연설을 통해 감정이 극한 상태에 있는 군중들 앞에서는 감성적 접근, 즉 스토리텔링 방식이 훨씬 효과적임을 알 수 있다. 물론 이런 방식이 절대적이진 않다. 말은 살아 있는 것이므로 상황에 따라 많은 것이 달라질 수 있다.

08

정말 아는 것을
말하고 있는가

사람들을 미혹하는 가짜 지식

기업이나 공공기관에 강의를 다니다 보면, 기관장이 모두연설을
하는 경우가 종종 있다. 그런데 아무래도 나와 같은 스피치 전문
가 앞에 있으면 긴장을 많이 하게 되니, 대부분 연단 위에 놓여 있
는 원고를 그대로 읽는다. 사실 그것 자체는 별 문제가 아니다. 많
은 직원들 앞에서 중언부언하지 않고 내용을 정확히 전달하기 위
해 원고 읽기식 연설이 필요한 경우도 있다.

　문제는 제대로 내용을 숙지하지 못하고 실수하는 경우다. 마
치 학생이 국어책을 읽듯이 또박또박 읽다가, 여러 군데에서 오

독을 한다. 한두 번은 이해할 수 있지만 여러 번 오독하게 되면 청중은 연사를 신뢰할 수 없다. 자기가 아는 내용이 아닌 다른 사람이 적어준 것을 그대로 읽는다는 느낌을 받게 되기 때문이다. 내가 알고 있는 것을 말하는 것과 알고 있는 척 말하는 것은 차이가 크다.

앵커들은 뉴스를 진행할 때 카메라에 달린 프롬프터에 뜨는 내용을 읽는다. 뉴스 앵커의 능력 중 하나가 '읽지 않는 것처럼 읽는 것'이라는 말도 있다. 앵커가 그 뉴스를 완벽히 이해하고 읽는 것과 그렇지 않은 것은 분명히 차이가 있기 때문이다. 그것은 음성의 완급 조절, 쉼 있는 여유로운 진행으로 판단할 수 있다.

특히, 앵커의 진짜 실력과 지식은 뉴스 속보에서 드러난다. 정말 급박하게 사건이 터지면 멘트를 쓸 시간이 없다. 프롬프터에는 아무것도 적혀 있지 않다. 속보가 들어온 초반 몇 분에 앵커의 진짜 실력을 알 수 있다.

유명한 수사학 교육 전문가인 이소크라테스는 일생 공개 변론을 딱 한 번 했다. 심지어 소송에도 졌지만 허구의 연설문을 써서 큰 명성을 얻게 되었다. 이런 모습을 본 플라톤은 다음과 같이 그를 비판했다.

소피스트, 그들은 '사실인 듯한 것'이 진짜보다 더 많은 가치가 있다고 생각한다. 그들은 언변의 힘으로 사소한 것에 위대함의 외관을 부여하고 위대함에 사소함을 덧씌운다. 새로운 것에 고대의 분위기를 주고 고대의 것에 새로운 모습을 준다. 어떤 주제든지 그들은 아주 간결하게 혹은 극도의 과장을 다룬다.

하지만 이랬던 플라톤도 시간이 지나면서 '수사학은 잘 활용하면 자신의 신념과 철학을 전하는 데에 유용한 기술'이라고 인정한다. 단, 다음과 같이 3가지 조건을 단다.

첫째 말하고자 하는 것에 대해 진짜로 알고

둘째 청중의 정서와 마음을 알고

셋째 진실 되게 전하는 방법을 알아야 한다.

수사학이 단순 기교가 아닌 효과적 설득 도구가 되기 위해서는 주제에 대한 지식, 청중에 대한 지식, 전달에 대한 지식을 알아야 한다. 내가 알지 못하는 것을 아는 것처럼 말하는 것은 가짜 지식으로 사람을 미혹하는 것이 된다. 그래서 진정한 수사학자가 되기 위해서는 먼저 사람이 되어야 한다고 플라톤은 강조한다.

로마의 수사학자 키케로도 자신이 말하는 것에 대한 지식이 있어야 한다고 말했다. 로마에서 수사학을 가르친 퀸틸리아누스

(Marcus Fabius Quintilianus)도 탁월한 품성만큼이나 주제에 대한 지식이 필요하다고 말했다.

학자의 지식과 운전기사의 지식

1918년 노벨물리학상을 받은 막스 플랑크(Max Planck) 교수는 독일 전 지역에서 강연 요청을 받았다. 그는 어디에서든 자신이 세운 양자물리학 개념에 대한 강연을 거의 똑같이 진행했고, 몇 개월을 반복하다 보니 지치게 되었다. 어느 날 너무 피곤해하는 플랑크 교수를 본 그의 운전기사가 다음과 같이 당돌한 제안을 했다.

"교수님, 제가 부족하지만 교수님의 강연을 너무 자주 듣다 보니 강의 내용을 다 외웠습니다. 제가 할 수 있으니 이번에는 강연장에서 편히 쉬시죠."

플랑크 교수는 뜻밖의 제안에 고민했지만 재미있을 것 같아 수락했다. 그리하여 박사급 청중이 모인 곳에서 운전기사는 양자물리학에 대해 강의했다. 심지어 놀랍게도 그는 강의를 훌륭하게 잘해냈다. 그럴싸한 말투와 제스처로 매끄럽게 강의를 진행했다. 강의를 다 마칠 무렵, 한 청중이 손을 들고 강의 내용에 대한 질문을 던졌다. 강연장에 앉아 있던 교수는 운전기사가 대답하지 못할까 봐 당황했다. 하지만 그때 운전기사가 이렇게 말했다.

"이렇게 쉬운 문제는 제 운전기사도 대답할 수 있을 겁니다. 이 질문에 대한 답은 저기 앉아 있는 제 운전기사가 할 겁니다."

지식에는 진짜 지식과 가짜 지식, 즉 노벨물리학자의 지식과 운전기사의 지식이 있다. 진짜 지식은 오랜 시간 고민하고 연구한 사람에게서 나오는 것이다. 반면 운전기사의 지식은 모르는 것을 아는 것처럼 행동하는 것에 불과하다. 운전기사의 지식을 가진 사람은 자신을 과시하며 때로는 진짜 지식을 가진 사람보다 더 그럴듯하게 말한다. 그들은 내용보다 전달의 기술에 집중하기 때문이다. 우리는 강의에서, 방송에서 운전기사 지식을 전하는 사람들을 많이 보게 된다. 안타까운 것은 진짜 지식과 가짜 지식을 구별하기가 점점 어려워지고 있다는 점이다.

하지만 구별할 수 있는 방법이 있다. 그것은 자신이 알고 있는 지식의 범위가 얼마나 되는지 인정하는 모습을 보는 것이다. 진짜 지식을 가진 사람은 자신이 무엇을 알고, 무엇을 모르는지 정확히 알고 있다. 그래서 모르는 것을 모른다고 솔직하게 말할 수 있지만, 운전기사 지식을 가진 사람은 모른다고 이야기하는 대신 말이 길어지며 다양한 변명으로 일관한다.

과연 우리는, 나는 진짜 지식을 말하고 있는가? 청중 앞에서 이야기해야 할 때는 반드시 다음 3가지를 스스로 되돌아보자.

첫째 내가 말하고자 하는 것이 내가 정말 알고 있는 것인가. 그에 대한 깊은 고민을 했는가.

둘째 청중의 상태와 마음을 알고 있는가.

셋째 그 상황에서 효과적으로 전달할 수 있는 방법을 알고 있는가.

사실 우리는 모든 내용을 다 알 수 없다. 때로는 다른 사람이 적어준 내용을 읽어야 할 때도 있다. 이럴 때 진짜 지식으로 만들어 말하려면 어떻게 해야 할까?

가장 좋은 방법은 내가 고민하고 생각한 지식만을 전하는 것이다. 만약 다른 사람에게 들은 이야기라면 출처를 밝힌다. 다른 사람이 써준 글을 읽어야 할 상황이라면 내용 전체를 보고 내 의견을 한 줄이라도 넣는다. 이렇게 하면 조금이나마 진짜 지식에 가까워진다. 그것도 여의치 않다면 미리 읽어보고, 적어도 그 내용을 완전히 숙지한 상태에서 말하는 것이 청중에 대한 예의다.

말을 한다는 것은 다른 사람과 관계를 맺는 일이다. 그 사람과 나와의 사이에 다리를 놓는 일이다. 그 다리가 신뢰와 진정성으로 탄탄하기 위한 조건 중 하나는 바로 진짜 지식을 전하는 것이다.

09
대가들의 설득술, PREP

'왜냐하면'의 힘

도서관에서 복사하기 위해 줄을 서 있는 사람들을 대상으로 양보를 받아내기 위해서는 다음 중 어떤 말이 가장 좋을까?

1. 죄송합니다. 제가 먼저 하면 안 될까요? 왜냐하면 바쁜 일이 있습니다.
2. 죄송합니다. 제가 먼저 하면 안 될까요?
3. 죄송합니다. 제가 먼저 하면 안 될까요? 왜냐하면 복사를 해야 합니다.

하버드대 심리학과 엘렌 랭거(Ellen Langer) 교수가 '왜냐하면'의 힘을 보여주기 위해 실행한 실험이다. 결과는 어땠을까? 1번은 94%, 2번은 60%, 3번은 93% 양보를 받아냈다. '왜냐하면'이라는 접속사를 넣은 것만으로 양보를 얻어내는 확률이 눈에 띄게 높아진 것이다.

엘렌 랭거 교수에 의하면 우리 뇌는 2가지 기능이 강하다.

첫 번째는 나와 '유사한 것을 찾는 능력'이다. 이것은 진화론적 관점으로 이해할 수 있다. 나와 비슷한 형태의 것은 나를 해할 확률이 낮고 나와 다른 형태의 동물은 나를 해칠 확률이 상대적으로 높기 때문에 본능적으로 강해진 능력이다.

두 번째는 '자기 정당화 능력'이다. 우리 뇌는 두개골 안에 갇혀 있다. 따라서 뇌가 실체를 보고 인식하는 것이 아니라, 오감을 통해 들어온 데이터를 바탕으로 인지하고 해석한다. 만약 큰맘 먹고 대출을 받아 새 차를 구입했는데, 고작 1주일 뒤, 다른 브랜드에서 같은 가격에 성능은 훨씬 좋은 차가 출시됐다면, 심정이 어떨까? 아마 억울해서 잠이 안 올 것이다.

이런 상황에 우리는 자기 정당화를 위한 몇 가지 작업에 들어간다. 우선 다른 브랜드의 차가 가지고 있는 문제점을 찾는다. '어차피 그것 때문에 안 샀을 거야.'라는 생각이 들어야 한다. 그리고 내 차의 좋은 점을 찾아낸다. '역시, 이걸 사길 잘했지.' 이러한 일

련의 과정을 거쳐야만, 오늘 밤 편안하게 잠들 수 있을 것이다. 이처럼 자기 정당화를 위한 근거를 찾는 일에 우리는 매우 익숙하고 능숙하다. 어쩌면 살아내기 위해 본능적으로 강해진 기능들일 것이다.

이러한 우리 뇌의 특성상, 복사실 앞 혼잡한 상황에서 "왜냐하면~"이라는 말은 더 쉽게 먹힌다. 비슷한 처지에 있는 다른 사람(유사한 것을 찾는 능력)의 '왜냐하면'을 믿어버리게 한다. '그럴 만한 근거가 있겠지.'라고 생각(자기 정당화 능력)하게 하는 것이다.

최고의 스토리텔러가 쓰는 기술

고대 그리스 법정 앞 소피스트 학원에서 가르친 최고의 설득술은 "이야기하듯 자연스럽게 말하라."였다. 지금 말로 하자면, 바로 스토리텔링이다.

혹시 이 시대 최고의 스토리텔러가 누구인지 아는가? 바로 할머니다. 할머니들의 필살기 "옛날 옛적에~"로 시작되는 이야기에는 모든 말하기 기술이 함축되어 있다. 바로 스토리텔링의 가장 중요한 2가지 요소, '구어체'와 '이야기 구조'다.

일단 구어체다. 말하는 것과 글을 읽는 것이 같다고 착각하는 경우가 많은데, 이 둘은 분명히 다르다. 쉬운 예로 우리는 말할 때 "~가운데" "~에 대하여"와 같은 접속어는 쓰지 않는다. 내 말이 저 사람에게 잘 들리기 위해서는 짧고 명확한 구어체가 좋다.

이틀 전 누구와 식사했는가? 기억은 날 것이다. 하지만 구체적으로 어떤 이야기를 나눴는지 떠올려보라고 하면 머뭇거리게 된다. 내가 의식한 중요한 사람이라면 상황과 내용을 기억하겠지만, 그냥 일상적인 스케줄이었다면 특별히 저장하지 않고 흘려보냈을 것이다. 우리 뇌의 해마라는 기관은 단기기억을 관장하는 곳이다. 술 마신 것은 기억이 나지만 어떻게 집에 들어왔는지는 기억나지 않는다면, 해마의 기능이 멈춰 단기기억이 장기기억으로 저장되지 않았기 때문이다. 술이 취했어도 집에 잘 찾아오는 것은 집으로 오는 길에 대한 정보가 장기기억에 저장되어 있기 때문이다.

해마는 키워드를 중심으로 기억한다. '이틀 전' '누구'와 '어디서' 식사를 했다고 기억하지 그 안에서 나눈 사소한 농담 하나까지는 기억을 못한다. 다만, 관심이 있을 때만 그 내용들에 집중하고, 집중했던 내용이 장기기억으로 넘어가는 것이다.

따라서 불특정 다수를 대상으로 이야기할 때는 짧고 명료하게, 키워드 중심으로 말해야 한다. 역사적 명연설은 모두 키워드가 명확하다. 사람들이 오래 기억하게 만들기 위해서는 단순히 정보만 나열하는 것이 아니라, 전체를 관통하는 키워드가 있어야 한다.

설득의 목적이 태도 변화라면 우선 메시지가 기억되도록 하는 것
이 중요하다.

다음으로는 이야기 구조다. 호모나랜스(Homonarrans)라는 말은
미국 캘리포니아대 영문학과 교수 존 닐(John D. Niles)이 1999년
출간한 《호모나랜스》라는 책에 등장한 말이다. 호모나랜스는 라틴
어로 '이야기하는 사람'이라는 뜻이다. 사람들은 이야기를 창조하
고 소비하고 재창조한다. 이야기에 흥미를 느끼며 집중하게 된다.
역사적으로 뛰어난 스피커들의 특징은 자신의 연설에 이야기
를 적절히 이용했다는 점이다. 우리가 드라마에 열광하는 것도 내
가 겪을 만한, 아니면 겪지는 못하지만 인간으로서 겪을 수 있는
이야기가 담겨 있기 때문이다. 할머니들이 해주시는 옛날 이야기
는 권선징악이라는 단순하지만 명확한 메시지와 이야기 구조를
가진다.

PREP 공식

자, 그렇다면 소크라테스와 소피스트 그리고 아리스토텔레스로부
터 얻은 스피치 기술들을 종합해보자.

Point(강조) 짧고 명료하게 결론을 말한다.

Reason(이유) '왜냐하면'의 근거를 제시한다,

Example(예시) 사례를 든다.

Point(강조) 다시 결론을 강조한다.

짧은 시간에 최고의 효과를 볼 수 있는 기법, 바로 PREP이다. 중국 시장 진출을 검토하라는 사장의 지시에 실무담당자로서 다음 기회에 해야 한다고 설득하려면 어떻게 말해야 할까?
PREP을 적용해보자.

Point(강조) 사장님, 제 생각에는 이번 중국 진출을 좀 미루는 것이 어떨까 생각합니다.

Reason(이유) 왜냐하면 최근 중국의 정책이 바뀌어 각종 혜택이 사라지고 있기 때문입니다. 세금 이슈도 강력하게 제기되고 있고 더구나 인건비도 상승 중입니다.

Example(예시) 실제로 A상사도 세금 문제 때문에 이러지도 저러지도 못하는 상황이라고 합니다. 일본 쪽 업체는 철수를 결정했다고 합니다.

Point(강조) 그렇기 때문에 중국 진출을 급하게 서두르는 것보다 올해까지는 상황을 지켜보는 것이 좋을 것 같습니다.

PREP이야말로 설득의 정수라고 할 수 있다. 간결하고 명료한 주장을 반복하며 근거와 사례를 덧붙여주는 것이다.

우리의 기억에 남는 정보는 기존에 알고 있는 지식을 바탕으로 출발한다. 생경하고 새로운 정보는 일단 배척하는 것이 우리의 습성이다. 이때 사례를 들어주면 쉽게 받아들인다. 우리 뇌는 이야기를 원한다. 신화는 철학보다 오래됐다. 뇌는 정보보다 이야기를 원하기 때문이다.

더 나아가 다양한 방식으로 반복해주는 것 역시 효과적이다. 나의 주장을 다양한 방법 즉 근거와 이야기로 전하고 다시 강조하는 방법은 과학적으로나 실증적으로 입증된 최고의 설득법이다.

3

설득에 이르는
전략적 화술

설득의 과정을 긴 호흡으로 바라볼 필요가 있다. 너무 급하게 접근하다 보면 설득이 아니라 논쟁이 되고 논쟁은 싸움으로 변질된다. 우리의 목표는 결국 상대를 내 편으로 만드는 것 아닌가? 설령, 내가 원하는 목표를 얻지 못하더라도 사람을 얻는다면 길게 봤을 때 남는 장사다.

그러기 위해서는 양보를 해야 한다. 양보한다는 것은 상대를 인정함을 뜻한다. 그 마음이 전해지면 상대의 무거운 마음도 가벼워진다. 그리고 그 틈새에 신뢰가 형성되는 것이다. 힘들고 지친 사람일수록 여유가 없다. 그들이 원하는 것은 따뜻한 말 한마디, 다시 말해 그들의 노고를 인정하는 말 한마디다. 오늘도 우리는 수많은 설득과 논쟁의 현장을 경험한다. 그곳을 설득의 공간으로 만들기 위해서는 콘세시오의 지혜가 필요하다.

10
청중의 마음

아포리아의 목적

소크라테스의 말하기 목적은 상대방을 '아포리아(aporia)'에 빠트리는 것이었다. 아포리아는 그리스어로 '통로가 없는 막다른 골목'을 의미한다. 대화의 상대를 막다른 골목으로 몰고 가 무지의 상태를 자각시키는 것. 이는 곧, 상대방의 의견에 논리적 모순이 있다는 것을 스스로 인정하게 하는 것이었다.

아리스토텔레스는 "아포리아에 의한 놀라움에서 바로 철학이 시작된다."고 주장하였고 플라톤은 《대화》에서 "로고스의 전개로부터 필연적으로 생기는 난관이 아포리아다."라고 명명했다. 결국 아포리아에 빠진 사람은 질문 속에 놓이게 되고 그 질문에 대한 답을 해나가는 과정을 통해 전체와의 관계를 맺어간다.

상대방을 막다른 골목에 다다르게 하는 것. 그것이 가능하기 위해서는 상대방의 마음을 알고 있어야 한다. 내가 아무리 좋은 의도를 가지고 있더라도 상대방의 상태를 파악하고 있지 못하다면, 내가 원하는 결과를 얻지 못할 뿐만 아니라 관계도 훼손된다.

앞서 살펴보았던 소크라테스와 트라시마코스의 대화를 보면 사실 소크라테스는 트라시마코스에게 말을 걸기 전, 그가 다른 그리스 젊은이들과 이야기하는 것을 지켜보고 있었다. 그리고 그는 트라시마코스의 관심사, 특징, 호기심 등을 관찰하고 파악했다.

소크라테스는 '정의'에 대한 본인의 명확한 입장이 있었을 것이다. 하지만 트라시마코스에게 '정의는 이것이다!'라고 강요하지 않는다. 현장에서 관찰한 것만 가지고 질문을 이어간다.

그런데 우리는 어떠한가? 사람을 관찰하지 않고 평가부터 하지 않는가? 누군가가 어떤 행동을 했을 때 우리는 있는 그대로를 보지 못하고 '의도'를 보태어 추측하는 경우가 많다. 싫어하는 사람이 웃으며 들어오면 '저놈은 왜 날 보고 웃지? 비웃는 건가?'라고 억측한다. 그리고 그런 생각들은 고정관념이 되어버린다. 소크라테스는 자신의 생각과 판단이 있더라도 일단 유보하고, 상대를 관찰하며 대화를 통해 상대를 알아가고자 한다.

개방형 질문과 폐쇄형 질문

설득의 시작은 화자가 하지만, 설득의 완성은 청자가 하는 것이다. 결국 설득하기 위해서는 상대방의 마음을 사로잡아야 하고, 사로잡기 위해서는 상대방의 마음이 향하고 있는 방향을 알아야 한다. 어떻게 알 수 있을까? 바로 "질문에 답이 있다."가 그 방법이다. 소크라테스의 산파술은 질문을 통해 소통하는 방법이다. 평소 상대를 관찰하고 상대가 답하기 쉬운 질문들을 준비하는 것이다.

질문에는 크게 2가지가 있다.

하나는 개방형 질문이다. 개방형 질문은 상대방에게 주도권을 준다. 다른 하나는 폐쇄형 질문이다. 화자가 주도권을 가지고 궁금한 것을 물어본다. 예를 들어 안 좋은 일을 당한 사람에게 "이야기 전해 들었습니다. 그 일 어떻게 됐나요?"라고 묻는 것은 폐쇄형 질문이다. 진심으로 걱정이 되어서 물어보는 경우도 있겠지만, 내가 궁금해서 물어보는 의도가 더 크게 담겨 있다. "요즘 어떠세요?"는 개방형 질문이다. 상대방이 판단할 여지를 주고 이야기할 수 있도록 하는 것이다.

"무엇을 그토록 열띠게 토론하고 있었나?"

트라시마코스에게 던진 소크라테스의 질문은 개방형이다. 주도권을 그에게 주었고, 그의 대답을 들은 후에 그때서야 본격적으로 자신이 궁금한 것들을 물어보기 시작한다.

내 중심으로 생각하고 대화할 경우, 상대방 마음의 위치를 찾기가 어렵다. 그의 마음을 찾기 위해서는 대화에 있어 상대방에게 주도권을 주고 상대방 중심으로 질문하는 습관을 갖는 것이 필요하다.

대화를 잘하려면, 아이러니하게도 '진짜 하고자 하는 대화를 맨 마지막'에 해야 한다. 무작정 본격적인 대화를 시작하면 내 중심의 폐쇄형 대화를 할 가능성이 높아진다. 그렇기 때문에 대화를 시작하기 전에 가장 먼저 상대방에 대한 관찰, 즉 상대방의 상태, 취향, 고민 등을 내가 임의적으로 판단하지 않고 있는 그대로 관찰해야 한다.

그런 다음 대화의 윤활유가 되어줄 스몰토크(Small talk)를 준비한다. 스몰토크는 '최근의 일', '상대의 관심사' 그리고 '공통 관심사' 이렇게 3가지가 있다. 이 3가지 스몰토크로 이어진 질문을 준비했다면 테스트 대화가 필요하다. 내 의견을 개진하기 보다는 다양한 질문을 통해 상대와의 연결고리를 만드는 것이다. 생각해보자. 상대에게 관심을 갖고 조심스럽게 접근해 정중히 질문을 한다면 상대는 호감을 느낀다.

그런 과정이 이루어지고 나면 공유와 공감이 형성된다. 그리고 그 단계가 되면 속 깊은 대화가 가능해진다. 결국, 꾸준한 관심과 질문으로 상대방의 마음을 여는 것이 중요하다. 그리고 나서야 상대방 마음의 위치를 알 수 있다.

소크라테스는 그리스 젊은이들과 소통하기 위해 그들을 관찰하였고 그들의 입장이 되어 '열린 질문'을 하였다. 이를 통해 젊은이들이 '자신의 무지'를 알도록 유도하는 자신의 목적을 이루었다.

청중의 행동을 바꾸는 설득

아리스토텔레스는 청중의 정신에 영향을 미치기 위해서는 3가지 조건이 필요하다고 말한다. 정신에 영향을 미친다는 것은 설득을 통해 청중의 태도에 변화를 가져온다는 것을 의미한다.

첫 번째 조건은 '일관성'이다. 화자가 확신과 일관성을 가지고 있어야 한다. 나 자신도 설득할 수 없는 주장은 고집일 뿐이다. 자신만의 확실한 논리와 관점 그리고 내 의견이 올바른 위치에 있다는 믿음이 있어야 한다. 그럴 때만이 주장이 청중에게 제대로 전달될 수 있고 그들을 설득할 수 있다.

두 번째 조건은 '호감과 진심'이다. 청자를 아끼고 배려하는 마음이 나타나야 한다는 말이다. 그것은 대화하기 전, 대화 중, 대화가 끝난 후 모두 느낄 수 있다. 대화하기 전, 상대방은 평소 자신을 어떻게 대했는지, 어떻게 행동했는지 알고 있다. 대화 중에는 얼마나 배려하며 말하고 듣는지 느낄 수 있다. 대화가 끝난 후에는 대화 중 나눴던 내용이 행동으로 이어지는지 보게 된다. 대화 중에는 상대를 위로하고 걱정해놓고, 대화가 끝나고 나서 별 관심을 느낄 수 없다면 그것은 대화가 거짓이었다는 것을 증명한다.

세 번째 조건은 상대방의 '성향 파악'이다. 상대의 성격을 파악하지 못하고 무조건 내 의견을 밀어붙이는 것은 어리석은 일이다. 여기엔 분명한 한계가 있기 때문이다. 이를테면, 소심하고 내성적인 직원 A가 있다고 하자. 어느 날 상사가 A에게 특별한 의미 없이 출근하면서 말했다.

"A씨, 이따 퇴근 전에 잠깐 나 좀 봐."

소심하고 내성적인 A는 그날 하루 편하게 일할 수 있을까? 종일 '나를 왜 부르셨을까? 내가 무슨 잘못이라도 했나? 심각한 얘기일까?' 같은 생각으로 보낼 것이다.

같은 말 한마디도 듣는 이의 마음과 성향에 따라 천차만별로 들리고, 이는 곧 대화에서 '설득'이 통하느냐 통하지 않느냐로 이어진다. 내 방식대로만 소통하는 것을 피하고 상대방 중심으로 이어나가기 위해서는, 상대방의 성향을 대략적으로 파악하고 있는 것이 중요하다. 대표적으로 분류되는 4가지 성향에 대해 알아보자.

청중의 4가지 패턴

대부분의 사람은 태어나면서부터 현재에 이르기까지 나름의 동기에 따라 일정한 행동 방식을 취한다. 이는 하나의 경향으로 굳어져 일을 하거나 생활하는 환경에서 자연스럽게 드러난다. 이것을 심리학에서는 '행동 패턴' 혹은 '행동 스타일'이라고 말한다.

1928년 컬럼비아대 심리학과 교수인 윌리엄 마스턴(William Marston) 박사는 사람들의 행동 패턴을 관찰해 독자적인 행동 유형 모델을 만들었다. 그의 이론에 의하면 인간은 환경을 어떻게 인식하고 또 그 환경 속에서 자기 개인의 힘을 어떻게 인식하느냐에 따라 4가지 형태로 행동한다.

그 4가지 형태는 주도형(Dominance), 사교형(Influence), 신중형(Conscientiousness) 그리고 안정형(Steadiness)이다. 각각의 특징에 대해 자세히 살펴보면 다음과 같다.

주도형(D)은 "안 되면 되게 하라!"가 삶의 모토인 사람이다. 성공적인 결과를 얻기 위해서라면 어떻게 해서든 스스로 장애를 극복한다. 일이든 사람이든 자기 자신이 통제권을 가지고 조율하기를 원한다. 이들은 대부분 일방적으로 소통하기 때문에 원만한 인간관계를 맺는 데 어려움이 있으며, 그로 인해 갈등 관계에 놓일 확률이 높다. 그뿐만 아니라 갈등 상황에서도 자기주장만 내세우

신속한 결정		
	주도형(Dominance) 결과 지향적임 신속하게 결정 도전 수긍 적극적인 해결 리더십 탁월 포기하지 않음	사교형(Influence) 호의적인 인상 대인관계가 좋음 말솜씨가 좋음 설득을 잘함 그룹 활동 선호	
일 중심	신중형(Conscientiousness) 원칙과 기준을 중시함 분석적임 갈등에 우회적으로 접근함 비판적임	안정형(Steadiness) 조직에 충성 참을성 있고 꾸준함 경청을 잘함 쉽게 동의함	사람 중심
신중한 결정		

거나 상대방이 수긍하지 않을 경우 쉽게 화를 내고, 위기 상황에서 독재적으로 행동하기 일쑤다.

이런 성향의 사람들과 소통을 원활하게 하기 위해서는 일단 관계를 형성할 때 먼저 '인정'해주는 배려가 필요하다. 처음부터 단점이나 문제점을 지적하면, 주도형의 사람들은 주도권을 잃었다고 생각하기 때문에 마음을 닫아버린다. 참을성을 가지고 이야기를 경청하고 인정해주면서 따뜻한 어조로 상대방의 문제점에 대해 설명하는 것이 효과적이다. 또한 적극적인 개입보다는 관계 형성을 통해 상대방이 스스로 자신의 이야기를 하도록 해야 한다. 그렇게 하면 아무리 독불장군 주도형도 서서히 마음의 문을 연다.

사교형(I)은 사람을 좋아하고 특성상 관계 맺기를 즐기는 사람이다. 상대방을 설득하거나 지대한 영향을 줌으로써 환경을 변화시킨다. 그렇기 때문에 이 유형의 사람들은 의사소통에 있어 열정적이다. 지속적으로 관계를 유지하며 마음을 열고 많은 이야기를 나누는 것이 좋다.

안정형(S)은 일을 수행하기 위해 다른 사람들과 잘 협력하는 사람이다. 한마디로 '좋은 게 좋은 것'이라고 생각한다. 이들은 권한과 책임이 명확한 상황에서 조화롭게 일하는 것을 좋아하며, 이를 최고의 가치로 여기기 때문에 갑작스러운 변화를 유도하는 것은 바람직하지 않다. 그래서 상대방에게 요구되는 변화가 가정, 조직 그리고 관계에 있어 왜 필요한지 충분히 이해시켜야 한다. 더불어 맞춤형 로드맵을 제시해 철저하게 계획을 세워주는 것도 효과적이다.

신중형(C)은 일의 정확성과 원칙을 매우 중요하게 여기는 사람이다. '믿을 건 자료뿐'이라고 생각한다. 논리적이고 체계적인 접근을 즐기기 때문에 이 유형의 사람들에게는 정확한 사실과 근거를 활용해 설득하는 것이 좋다. 사적인 질문이나 이야기로 다가가기보다는 이성적이고 차분한 내용의 대화로 먼저 상대의 마음을 사로잡고 인정받는 것이 중요하다. 세세한 부분까지 파고들 수 있으므로 다양한 논리와 근거를 준비한다.

'확증편향(confirmation bias)'이라는 심리학 용어가 있다. 자신의 신념과 일치하는 정보는 받아들이고 신념과 일치하지 않는 정보는 무시하는 경향을 가리킨다. 예를 들어 우리가 인터넷 검색을 하는 것은 선택적 지각이다. 즉 자신이 보고 싶은 것만 취해 자신의 생각을 더욱 공고히 하고자 하는 것이다.

따라서 상대가 가진 정보와 생각이 무엇인지 파악하는 것은 설득하는 말하기에서 무엇보다 중요하다. 나의 논리 이전에 상대의 논리가 무엇인지 파악하는 것이 우선인 것이다. 소크라테스와 아리스토텔레스는 청중의 마음을 얻기 위한 방법으로 위와 같이 공감과 진심을 강조했다. 반면, 소피스트는 청중의 마음을 얻기보다는 청중의 마음을 '빨리 이용하기'를 원했다.

청중의 마음을 움직이는 기술

아리스토텔레스는 《수사학》 2권에서 사람의 감정에 대해 이야기한다. 설득을 위해서는 청중의 감정을 이해하고 적절히 활용할 줄 알아야 한다. 그가 말한 감정은 분노, 평온함, 우정과 증오, 두려움과 신뢰, 수치심과 경솔함, 호의, 연민, 분개, 시기심 그리고 경쟁

심과 멀시다. 아리스토텔레스가 정의한 감정 몇 가지를 살펴보자.

분노 그럴 권리가 없는 이들로부터 본인이나 본인과 가까운 어떤 사람에게
능멸이 행해진 것에 대해 고통이 수반된 보복 욕구.

공포심 임박한 파국으로 치달을 것 같은 또는 고통을 가져다 줄 것 같은 나쁜
일의 표상으로부터 생겨나는 일종의 고통 또는 심란함.

연민 그럴 이유가 없는 사람이 공포심으로부터 타격받는 것을 목격할 때 느
끼는 일종의 고통.

아리스토텔레스는 이런 감정들을 이해했다면, 연설에서 청중의
감정을 움직이기 위해 감정의 3가지 계기를 구별하고 파악해야
한다고 강조한다. 분노로 예를 들어보면,

어떤 상태일 때 분노를 내는가?　　— **심적 상태**

어떤 사람에게 분노를 느끼는가?　　— **상대 인물**

어떤 일로 분노를 내는가?　　　　　— **이유**

이 3가지를 알아야 청중을 분노하게 할 수 있다. 청중의 감정을
이해하고. 3가지 계기를 파악하면 청중으로부터 일으키고자 하는
감정을 완벽하게 얻어낼 수 있다.

11
관점과 시각을
조정하는 기술

언제 어디서나 일어나고 있는 다툼

남편은 소파에 기대 TV를 보고 있다. 부인은 식탁 의자에 앉아 잡지를 보고 있다. 그때 남편이 TV 볼륨을 높인다. 아니나 다를까 부인이 소리가 크다며 핀잔을 준다. 남편 입장에서는 관심 있는 뉴스라 살짝 볼륨을 키운 것뿐인데 억울하기도 하고 기분이 좋지 않다. 심지어 자신을 무시한다는 생각까지 든다.

남편 중요한 부분이라 그래. 조금만 보다가 줄일게.
아내 당신은 늘 크게 듣잖아. 애들 자는 데 방해된다고.

남편 내가 언제 늘 크게 들었다고 그래? 너무 예민한 거 아니야?

   TV 볼륨 때문에 시작된 작은 다툼은 다른 문제로 확장될 가능성이 높다. 표면에 드러나는 말만 가지고 서로의 마음을 추측하다 보니 오해가 생길 수밖에 없다. 남편은 자기가 무시당했다는 생각을 하고 있고, 부인은 늘 볼륨을 높이는 남편에게 문제가 있다고 생각한다.

   부인은 볼륨을 높인 '책임의 문제'로, 남편은 자기가 무시당한다는 '가치의 문제'로 이 상황을 바라보고 있다. 같은 사건이 발생해도 바라보는 시각이 다르면 문제 해결은커녕 갈등만 깊어진다.

   다음 상황은 어떨까?

아내 끈적거리는 것을 좀 잘 닦아낸 다음에 넘겨줘. 제발.

남편 먼저 헹구고 있잖아.

아내 헹구는 것만으로 안 된다니까. 수백 번 말했잖아. 먼저 기름때를 닦아야 한다고.

남편 그냥 헹구면 돼. 내가 일 도와주고 있잖아.

아내 이왕 하는 거 제대로 할 수 없어? 그리고 왜 도와주는 거야? 이게 내 일이야? 우리 일이지?

남편 당신은 내가 하루 종일 밖에서 얼마나 힘들게 일했는지 안중에도 없는 것 같아. 집에 와서까지 이렇게 시달려야 되겠어?

아내 그래, 당신 일하느라 힘들었지! 그럼 난 뭐 집에서 놀았어? 집안일에 애들 뒷바라지 하는 건 일도 아냐? 당신만 힘들어? 나도 힘들다고!

남편 당신은 고마운 줄 알아야 해. 다른 남편들은 이 정도나 하는 줄 알아? 나니까 이렇게 도와주지.

아내 아니? 당신보다 더 많이 도와주는 사람 많아. 생색 좀 내지 마. 제대로 하지도 못하면서….

남편 에이, 진짜 이럴 거야?

어디선가 본 듯한, 어디에서나 일어나고 있는 상황이다. 왜 이런 다툼이 일어날 수밖에 없는 걸까? 서로의 관점과 입장을 생각하지 않고 그저 그 상황과 기분에 따라 말해버리면 갈등이 촉발될 수밖에 없다. 특히, 말이라는 것은 상징적이고 은유적이라, 듣는 사람 입장에서 편리한 대로 해석하고 판단하면 애초에 말하는 사람의 의도와는 전혀 다른 이야기가 되어버린다.

언어는 추상적이다. 언어는 약속된 기호일 뿐, 사물의 감정과 모습을 있는 그대로 담기 어렵다. 인간의 복잡한 감정을 몇 가지 말로 표현하기에는 한계가 있다. "슬프다."라는 단어도 슬픈 감정을 모두 담아내지는 못한다. 그렇기 때문에 말하는 사람이 보내는 다양한 신호를 유심히 살펴야 한다. 그런데 갈등 상황에 처하면 그런 살핌과 배려를 하기 쉽지 않다 보니, 상대에게 상처를 주는 말만 골라하게 되는 것이다. 어떤 문제가 발생하면 누구의 책임인지 따지기 시작하며, 자신에게 유리한 것만 바라보게 된다.

'미래'로 쟁점 옮기기

아리스토텔레스는 수사학을 3가지 관점으로 나누어 본다.

첫 번째, 법정 수사학이다. 사건 발생의 '책임소재'를 가리는 것으로 주로 '과거'에 집중한다. 그 행동이 정당했는지 부당했는지 판단하는 것이다.

두 번째는 송덕 수사학이다. '공덕'을 가리는 것으로 '현재'에 집중하며, 칭찬하거나 비판하는 등 가치의 문제를 따진다.

마지막은 의회 수사학이다. '정책'에 관련된 것으로 '미래'의 이익과 손해에 대해 선택하고 고민한다.

이 3가지 관점은 각각 다른 쟁점을 갖는다. 법정 수사학 '책임의 문제', 송덕 수사학은 '가치의 문제', 의회 수사학은 '선택의 문제'다. 아리스토텔레스는 더욱 발전적인 관계를 위해서는 과거로부터의 책임소재나 현재의 가치 문제보다는 '미래'에 쟁점을 두는 것이 좋다고 말한다.

앞서 보았던 부부의 다툼으로 돌아가보자.

TV 볼륨을 높인 남편, 제대로 그릇을 헹구지 못한 남편에 대해 아내는 책임의 문제를 제기한다. 남편은 인정받지 못한 자신의 가치 문제로 응수한다. 남편은 단순 가치에만 집중했다. 상대의 행동을 보고 자신이 무시당했다고 생각하니 기분이 상한 것이다. 아내는 늘 자기 위주인 남편에게 책임이 있다고 생각한다. 아내는 이 다툼이 일어나게 만든 '과거'를, 남편은 기분이 상한 '현재'를 바라보고 있다.

자, 여기서 '시제'를 이동시켜보자.

남편과 아내의 대화를 '미래'의 관점으로 말해보는 것이다. 상대를 판단하고 행동을 강요하기 전에, '앞으로' 어떤 행동을 하는 것이 좋을지 던져보자.

아내 TV 볼륨 좀 줄여. 당신은 늘 크게 듣잖아. 애들 자는 데 방해된다고.

남편 내가 언제 늘 크게 들었다고 그래? 당신 너무 예민한 거 아니야?

(시제 이동)

아내 아이들 자는 데 소리가 좀 큰 것 같은데, 안 그래요? 당신은 어때요?"

남편 어, 좀 그런 것 같네. 볼륨을 좀 줄일까?

뇌신경과학적으로도 미래에 집중하는 것이 더 타당하다. 필라델피아 의과대학 교수인 앤드류 뉴버그(Andrew Newberg) 박사에 의하면, 우리 뇌는 크게 '3층 구조'로 되어 있다.

뇌의 1층에는 생명을 관장하는 '뇌간'이 있다. 뇌간은 인간은 물론 파충류까지 가지고 있는 것으로 '현재'에 집중하는 기능을 한다. '싫다.' '좋다.'와 같은 즉각적인 반응이 주로 일어난다. 다음 2층에는 감정을 통제하는 '변연체'가 있다. 인간을 포함한 포유류가 가지고 있다. '과거'를 기준으로 감정을 느낀다. 3층에는 '전두엽'이 있다. 이성적 사고를 하고 미래지향적이다. 이것은 인간만이 가지고 있다.

운전할 때를 생각해보자. 운전은 상당히 복잡한 과정을 거친다. 전방과 후방을 동시에 살피고 상황을 예측하면서 현재를 조작해야 한다. 인간의 뇌는 정신이 없다. 영장류의 뇌지만 과부하 상태가 되니, 평상시에는 이성으로 지배하고 억제하고 있던 1층, 2층의 뇌가 갑자기 활개를 친다. 평소에는 잘 하지 않던 심한 말이나 욕설을 하게 되는 경우가 바로 이 때문이다.

포유류의 뇌(변연체)나 싫고 좋고의 단순 가치 판단으로만 작동하는 파충류의 뇌(뇌간)가 활발해지면서 감정적으로 격앙될 수밖에 없다. 상황을 이성적으로 보지 못하고 소모적인 논쟁과 싸움을 하게 된다. 상대방이 싫다고 느끼면 상대방의 안 좋은 과거만 보이고 그 내용을 바탕으로 판단한다.

물론, 미래에 집중하는 것만이 항상 정답은 아니라고 아리스토 텔레스는 말한다. 다만, 미래를 논의하는 과정에서 좋은 방안이 나오고 대화가 생산적으로 흘러간다. 즉 미래를 같이 바라보며 나의 의견과 상대방의 의견을 고려할 때, 더 좋은 의견을 도출해낼 수 있다.

사고의 프레임을 지배하는 시제

수많은 미팅과 회의를 하다 보면, 때때로 책임소재를 물어야 하고 좋고 싫음에 대해 이야기해야만 하는 순간들이 온다. 하지만 그 과정이 자주 반복되면 감정이 상할 수밖에 없다. 이럴 때 역시, 미래로 시제를 조정할 필요가 있다. "그럼 어떻게 하면 좋을까요?" "우리 같이 생각을 해볼까요?" 이러한 질문 하나로 전체의 분위기가 바뀔 수 있다. 누군가를 설득하거나 협상할 때도 마찬가지다. 테이블에 앉은 양자 간에 시제가 다르면 서로 다른 생각을 하게 된다. 한쪽은 과거를 한쪽은 현재를 바라본다면 접점을 찾기가 어렵다. 그럴 때는 미래의 관점에서 함께 생각해보기를 제안하자.

"좋습니다. 여러 문제가 있지만, 지금은 미래에 집중해서 봅시다. 그럼 우리 모두에게 이익이 되기 위해서는 앞으로 어떻게 해야 할까요?"

시제를 바꾸면 관점이 바뀌고, 관점이 바뀌면 생각이 바뀐다. 결국 설득이라는 것은 관점과 시각을 새롭게 조정하는 작업이다. 세계적인 언어학자이자 버클리대 인지언어학 교수인 조지 레이코프(George Lakoff)가 쓴 《코끼리는 생각하지 마》는 시각과 프레임이 얼마나 중요한지 말하고 있다. "코끼리를 생각하지 마라."라고 말하면 사람들은 대체 왜 코끼리를 생각하지 말라고 하는지 궁금해서 코끼리를 더 생각하게 된다. 어떤 프레임을 부정하면 할수록 그 프레임이 더 활성화된다는 것을 보여주는 것이다.

당신의 의견은 당신이 어떤 프레임을 사용하느냐에 따라 결정된다. 자신의 뇌가 타인의 것이 아닌 자신의 것이 되기 위해서는 스스로를 지배하는 프레임이 무엇인지 알아야 한다.

아리스토텔레스는 프레임을 지배하는 요소 중 하나를 시제로 보았다. 과거의 책임과 현재의 가치도 중요하지만, 미래의 계획과 정책 역시 중요하다는 것. 미래의 선택에는 앞으로의 이익과 손해가 달려 있기 때문이다.

12

콘세시오,
전진을 위한 전략적 후퇴

우위가 아니라면 양보하라

방송 시간에 늦어 차를 급하게 몰고 있을 때였다. 신호를 아슬아슬하게 받고 겨우 좌회전을 했는데, 아뿔사! 경찰이 보였다. 그래도 분명 좌회전 신호를 확인하고 진입했기 때문에 안심했다. 그런데 경찰이 차를 세우라고 손짓을 했다.

이럴 때, 여러분이라면 어떻게 할 것인가? 분명 신호를 보고 좌회전했으니 당당하게 맞설 것인가? 그렇다면 증거는? 신호를 어겼다고 경찰이 강경하게 나온다면 뭐라고 증명할 수 있을까? 신호를 어겼다는 경찰관의 말에 나는 이렇게 대답했다.

"아, 그렇습니까? 저는 신호를 분명히 보고 들어왔는데요. 아무튼 죄송합니다."

그리고 다른 말없이 면허증을 제시했다. 그랬더니 경찰관은 이번만 봐준다며 그냥 가라고 했다. 다음부터 좀 더 주의해달라는 말까지 덧붙이며.

이 사례에는 수사학자들이 즐겨 사용한 '콘세시오(consessio)'가 숨어 있다. 콘세시오는 '양보'라는 뜻이다. 내가 원하는 것을 얻기 위해 상대방의 주장을 일단 인정하는 것이다. 내 주장을 아무리 펴봤자 증명할 길이 없는 상황이라면, 논리로 설득을 해봐야 상대방은 기분만 상한다. 무작정 감정적으로 의견을 피력하면 권위에 대한 도전으로 받아들일 수도 있다. 어찌 보면 그 상황에서 논쟁을 펼치려는 것은 나만 손해를 보는 것이다. 우위를 점하기 전에 상대를 인정하는 자세가 필요하다.

우리 현실을 되돌아보면, 콘세시오에 반하는 상황들이 수도 없이 많다. 치열한 논쟁이 벌어지는 회의시간. 가정에서 벌어지는 사소한 언쟁들… 처음에는 기분 좋게 시작했을지라도 감정이 개입되는 순간, 상대를 이기고 우위를 점하려 애쓰는 나의 모습을 발견하게 된다.

수사학에서는 내 의견에 상대가 동조하길 원한다면 설령 당장 원하는 것을 얻지 못한다 하더라도 일단 양보하라고 말한다. 이렇게 했을 때, 상대방은 나에 대한 좋은 인상과 이미지를 가질 수 있기 때문에 최종 목적인 설득에 있어 밑지는 장사가 아니라는 것이다.

심리학자 존 가트맨(John Gottman) 박사는 9년에 걸쳐 부부 수백 쌍의 일상생활을 녹화하고, 그들 사이의 대화를 분석했다. 그 결과, 성공적인 결혼 생활을 한 부부들은 대화 혹은 다툼을 할 때, 자신의 실수를 흔쾌히 인정하는 경향을 보였다. 반면에 결혼 생활에 실패한 부부들은 상대방을 비난하고 결코 지지 않기 위해 지루한 싸움을 벌였다. 재미있는 점은 성공한 부부나 실패한 부부 모두 싸움을 많이 했다는 것이다. 결국 중요한 것은 자주 싸우느냐 아니냐가 아니라 '어떻게 싸우느냐' 그리고 '상대방을 인정하는 태도를 가지고 있느냐'였다.

논쟁의 성공은 상대방을 설득해 문제를 해결하는 데에 있다. 내가 원하는 바를 이루기 위해서는 전략적인 양보가 필요하다. 그리고 그 바탕에는 상대를 인정하는 태도가 필요하다.

키케로의 3단계 설득법

그리스의 수사학을 로마에 도입한 사람은 키케로(Marcus Tullius

Cicero)다. 그는 철학자이자 정치가였고 뛰어난 연설가였다. 그는 다양한 저술을 통해 웅변학과 수사학의 이론 정립에 큰 역할을 했다. 그가 제시한 설득의 방법은 다음과 같다.

1단계, 감정 자극을 통한 분위기 조성이다. 상대가 처한 상황과 감정을 읽어 우호적인 분위기를 만드는 것이다. 절대로 내 생각을 먼저 드러내지 말라고 한다.

2단계, 상대의 생각을 바꾼다. 분위기가 무르익었다면 상대는 나에게 호의를 느껴야 한다. 그렇지 않으면 2단계로 들어갈 수 없다. 가장 좋은 방법은 상대의 언어를 통해 내 메시지를 전하는 것이다. 평상시 관찰한 상대의 표현과 말투, 생각 등을 적절히 활용해 내 의견을 표현하는 것이다. 때로는 말보다 행동이 더 좋을 수도 있다.

마지막 3단계는 상대방이 행동하게 하는 것이다. 어떻게 행동에 나서도록 유도할 것인가? 키케로는 기다리라고 말한다. 1, 2단계가 충족되었다면 조급해하지 말고 참고 인내하는 것이 필요하다. 설득이라는 버스는 곧 뒤이어 오기 마련인데 그 자리에서 승부를 보려고 무리하다 보면 감정만 상하고, 버스는 영영 떠나버린다.

여자 친구와의 첫 키스를 예로 들어보자. 먼저 행동으로 바로 들어가는 무리한 시도를 하면 감정만 상하고 실패할 확률이 높다. 우선 상대가 기분 좋은 상태가 되도록 분위기를 만들어야 한다. 그녀가 좋아하는 장소를 찾는 것도 좋은 방법이다. 2단계로 그

키케로는 다양한 저술을 통해 웅변학과 수사학의 이론 정립에 큰 역할을 했다.

욕망을 이성의 지배하에 두어라.

_ 키케로

녀가 평상시 이야기해온 사랑과 신뢰에 대해 말하며, 신뢰에 대한 징표로 적절한 스킨십은 필요하다는 이야기를 곁들인다. 떨리는 마음도 전한다. 3단계는 기다리는 것이다. 내가 하고 싶은 때가 아니라 그녀의 마음이 준비될 때를 기다렸다가 시도하면 된다.

키케로는 이 3단계 설득법을 통해 모든 단계에서 반드시 지켜져야 할 것은 콘세시오, 양보라는 점을 강조한다. 나의 입장만 주장하는 것이 아니라 상대방에게 양보하고 상대방을 인정하는 원칙은 항상 지켜져야 한다.

설득의 과정을 긴 호흡으로 바라볼 필요가 있다. 너무 급하게 접근하다 보면 설득이 아니라 논쟁이 되고 논쟁은 싸움으로 변질된다. 우리의 목표는 결국 상대를 내 편으로 만드는 것 아닌가? 설령, 내가 원하는 목표를 얻지 못하더라도 사람을 얻는다면 길게 봤을 때 남는 장사다.

그러기 위해서는 양보를 해야 한다. 양보한다는 것은 상대를 인정함을 뜻한다. 그 마음이 전해지면 상대의 무거운 마음도 가벼워진다. 그리고 그 틈새에 신뢰가 형성되는 것이다. 힘들고 지친 사람일수록 여유가 없다. 그들이 원하는 것은 따뜻한 말 한마디, 다시 말해 그들의 노고를 인정하는 말 한마디다. 오늘도 우리는 수많은 설득과 논쟁의 현장을 경험한다. 그곳을 설득의 공간으로 만들기 위해서는 콘세시오의 지혜가 필요하다.

13
소피스트의
'오류 찾기'

훈제 청어의 오류

며칠 전부터 아내가 안 쓰는 침대 매트리스를 버려달라고 부탁했다. 온라인으로 대형 폐기물 신고를 해야 되는데 귀찮아서 차일피일 미루다 주말이 되었다. 예상했던 대로 잔소리가 시작됐다.

"왜 아직도 매트리스가 집 안에 있지? 좀 버려달라고 했잖아. 부탁한 지 며칠쨋데…, 월요일에 손님 온다니까."

난감했다. 나는 이렇게 말했다.

"내가 보니까 매트리스 쓸 만하던데 언제 산 거지? 버리기 아깝다. 좀 더 쓰는 게 어떨까?"

그랬더니 아내는 이 매트리스는 언제 샀고, 스프링에 문제가 있어 더 사용하지 못한다고 장시간에 걸쳐 이야기했다. 결국 나는 그 난처한 상황을 면피하고 시간을 벌었다. 다른 질문으로 아내의 주의를 분산시킨 것이다.

이것은 일명 '훈제 청어의 오류'라고 불리는 방법이다. 도둑들이 침입하기 전 집을 지키는 개가 자신들의 냄새를 맡지 못하도록 강한 냄새를 풍기는 훈제 청어를 미리 던진 것에서 유래한다. 즉 논의 중인 내용과 다른 쟁점을 의도적으로 끌어들이는 방법이다. '약속을 지키지 않은 쟁점'에서 '더 사용해야 된다는 쟁점'으로 방향을 바꾼 것이다.

유사한 것으로 '논점 일탈의 오류'가 있다. 논점과 관계없는 것을 제시해 무관한 결론을 이끌어내는 것이다. 예를 들어 '술 좀 그만 먹으라.'는 아내의 말에 '담배보다는 낫지 않냐.'고 대꾸하는 것이다. '담배가 더 나쁘니 술은 먹어도 된다.'는 뜻도 은근히 어필한다. 술의 논점에 담배를 가지고 와서 다른 결론으로 이끄는 것이다.

일상생활에서 우리는 이 방법을 많이 사용한다. 누가 물어보면 그 내용을 말하는 것이 아니라 다른 내용을 말하며 딴청을 피우는 것도 다 이에 속한다.

흔히 찾을 수 있는 논리적 오류

그리스에서 로마로 이어지는 시기는 논쟁과 설득의 시대였다. 광장에 많은 사람들이 모여 여러 사안에 대해 갑론을박 서로의 연설 기술을 뽐냈다. 그러다 보니 상대방의 주장에 어떤 허점이 있는지 밝히기 위해 노력했다. 덕분에 논리학의 발달에도 많은 진전이 있었다.

사실 상대방의 오류는 나에게 설득의 무기로 쓰일 수 있다. 물론 찾아낸 오류를 제대로 사용해야 한다. 소피스트들이 청중의 마음을 이용했던 방법 중의 하나가 바로 이 '오류 찾기'이다.

그럼 흔히 찾을 수 있는 논리적 오류 몇 가지를 살펴보자. 다음은 앞서 설명했던 '훈제 청어의 오류' 사례다. 1994년 유명 미식축구 선수 심슨(O. J. Simpson)이 전 부인과 정부를 살해한 사건이 일어났다. 현장에서 심슨의 혈흔이 발견되는 등 여러 가지 증거가 나왔다. 그런데 심슨의 변호인단은 체포 당시 경찰관들이 저지른 인종 차별적 발언을 쟁점으로 삼고 재판을 끌고 갔다. 그리고 범행에 사용된 가죽 장갑이 심슨에게 맞지 않는다고 주장하며 논점을 흐렸다. 결국 배심원단은 심슨에게 무죄를 선고했다. 사실 피 묻은 가죽 장갑은 시간이 지나면 당연히 줄어드는 것이었다. 영리한 변호인단은 집요하게 인종 차별 문제와 장갑을 쟁점으로 끌어들여 다른 증거들을 무력화시켰다. 논쟁 시에는 상대방의 논리에 다른 쟁점이 끼어들지는 않는지 유심히 들어야 한다.

또 다른 오류로 '성급한 일반화 오류'가 있다. 적은 수의 경우를 보편화해 해석하는 것이다. 예를 들면, 담당 부장이 이런 말을 했다고 치자.

"A대를 나온 이번 인턴사원이 일을 잘하던데… 다음 채용 때도 A대 출신을 뽑아야겠어."

이런 경우에는 다음과 같이 오류를 찾아 대응하면 된다.

"부장님? 인사부에 일 못한다는 그 직원도 A대 출신입니다."

그런가 하면, '잘못된 비교 오류'도 자주 볼 수 있다. 회사에서라면 흔히, 다른 기업이 시행하고 결과가 좋았던 어떤 제도를 가져다 적용하는 경우가 이에 속한다. 다른 기업이 가진 상황과 여건이 우리 회사와 다른데, 그 제도만 도입하면 우리 회사에서 역시 같은 효과를 낼 것이라는 오류에 빠진 것이다.

'동어 반복의 오류' 역시 유심히 체크하자.

"S당 후보는 믿을 수 있어요. 왜냐하면 신뢰가 가니까요."

"K씨는 성실합니다. 왜냐하면 부지런하기 때문입니다."

위의 문장들은 언뜻 들었을 때 그럴 듯하지만, 사실 전제와 결론이 동일하다. 논리적 근거가 생략된 것이다.

마지막 오류는 '미끄러운 비탈길의 오류'다. 어떤 일을 했을 때 무서운 결과를 초래할 수 있다는 주장으로 잘못된 결론을 도출하는 경우다. 예를 들어, "시의 예산을 삭감했기 때문에 아이들의 교육이 엉망이 되었다."는 주장은 너무 극단적이다. 시의 예산 삭감이 아이들의 성적, 교육환경, 정서에 구체적으로 어떻게 영향을 미쳤고, 어떤 인과관계가 성립되는지 따져봐야 한다. "부서 예산 삭감 때문에 성과를 내지 못한다."라는 주장도 같은 오류다.

상대방의 주장에서 검토해야 할 것

이처럼 집중하지 않으면, 그냥 지나치기 쉬운 논리적 오류들이 많다. 이런 논리적 오류를 찾기 위해서는 어떤 자세가 필요할까?

상황을 객관적으로 바라보는 것이 중요하다. 바로 '조작적 정의'다. 어떤 사건이나 현상을 수치로 측정할 수 있을 정도로 객관화하는 작업이다. 논문에서 주로 사용하는 것으로 주관적 느낌과 정서를 배제하고 현상을 객관적으로 바라보는 것을 말한다.

예를 들어 행복이라는 추상적 개념을 측정하기 위해서는 명확한 기준이 필요하다. "행복은 가족과 같이 있는 것이다."라고 조작적 정의를 내리면 더욱 쉽게 행복한 사람들을 찾아낼 수 있다. 이처럼 논쟁과 설득의 말하기를 할 때는 상대방이 주장하는 내용에 대해 조작적 정의를 내리고, 역으로 질문하는 것이다.

"당신이 말한 그것은 구체적으로 무엇입니까? 정의해주시죠."

정서적 관계를 위한 대화에서는 감정을 실어야 하지만 논쟁과 설득의 자리에서는 객관적이고 균형적으로 상황을 봐야 한다. 나의 주장과 상대의 주장은 무엇인지, 상대의 근거는 무엇인지, 조작적으로 정의 내릴 필요가 있다.

나의 주장과 상대의 주장을 검토할 때 다음을 생각해보자.

- 주장은 명확한가?
- 논거는 타당한가?
- 논거와 주장이 적절히 제시되었는가?
- 청중은 누구인가?

결국 설득의 답은 상대방의 마음속에 있다. 내가 아무리 급하고 답답해도 상대방의 마음을 알지 못하고 열지 못하면 아무 소용없다. 가장 근본적인 것은 소통과 관계를 통해 상대방 마음의 방향을 찾는 것이다.

비록 소피스트는 수단과 방법을 가리지 않고 심리적 방법을 통해 사람의 마음을 이용하였지만, 그리 오래가지는 못했다. 소기의 목적, 즉 재판에 이기거나 남을 속일 수는 있었지만 궁극적인 목적, 사람을 얻는 것은 실패한 것이 분명하다.

4

마음을 사로잡는
선동의 기술

수사학은 생각을 표현하는 수단일 뿐만 아니라 '생각을 생성하는 수단'이기도 하다. 따라서 단순한 메시지 전달을 넘어, 다른 무언가를 담는 노력이 필요하다. 이런 부분은 비언어적 표현 즉 제스처, 의상, 자세, 분위기 등이 좌우한다. 설득을 완성하는 것은 청중이기 때문에 그들에게 보이는 것, 비언어적 요소는 중요하다.

14

수사학이 알려주는
표현의 정수

호소력 있는 전달의 중요성

처음 사람들 앞에서 발언했을 때, 그의 말투가 이상해서 야유
를 받았다. 말투가 지나치게 고통스럽고 힘겹게 들렸기 때문이
다. 목소리는 매우 작았고 발음은 부정확했으며, 호흡은 짧았
다. 이 모든 것이 단락을 조각조각 끊어지게 함으로써 말하려
는 의미를 흐리게 했다.

그리스의 정치가이자 웅변가인 아이스키네스가 데모스테네스
의 첫 연설을 듣고 한 말이다. 그가 지적한 포인트는 다음과 같다.

- 작은 목소리
- 불명확한 발음
- 짧은 호흡
- 의미 전달 미흡

앞에서 말했듯이 이런 지적을 받은 데모스테네스는 지하 창고를 연습실로 만들고 밤낮없이 연설 연습을 했다. 외출의 유혹을 뿌리치기 위해 머리카락을 반만 밀고 수염도 반만 면도하였다. 호흡을 안정화시키기 위해 매일 뒷동산에 뛰어오르면서 연설문을 외웠다. 그리고 비뚤어진 어깨를 교정하기 위해 천장에 칼을 메달아두고 연습을 하였다. 이런 노력 끝에 그는 아이스키네스와 데마데스를 뛰어넘는 그리스 최고의 연설가가 되었다.

그런데 사실 수사학에서 처음부터 표현의 기술을 중요시했던 것은 아니다. 표현보다는 이성적 논증이 더 중요하다고 믿었기 때문이다. 이것은 다분히 철학적 영향이 컸다. 아리스토텔레스는 《수사학》 3권에서 다음과 같이 밝혔다,

표현술에 관해서는 아직 어떠한 기술도 확립된 바 없다. 곰곰이 생각해보면 쓸모없어 보이기도 한다.

그럼에도 아리스토텔레스는 '전달'의 중요성은 강조했다. 전달하고자 하는 내용이 청중에게 명확히 들려야 한다는 것이다. 그러다 차츰 시간이 지나면서 단순히 내용이 전달되는 것을 넘어 '어떻게' 전달하느냐, 즉 '표현'을 중요시했다. 논리적 논증도 중요하지만 호소력 있게 전달하는 방법 역시 중요하다는 것을 경험적으로 깨달았기 때문이다.

본격적으로 표현의 기술이 강조되기 시작한 것은 로마시대에 들어서다. 특히 키케로는 표현의 기술을 구체적으로 제시했다. 표현을 목소리와 동작으로 구분하고 다음을 지켜야 한다고 말했다.

- 발음은 분명하고 정확해야 한다.
- 호흡을 잘 조절하고 적절히 분배해야 한다.
- 연극적으로 과장된 동작은 역효과가 난다.
- 도입 부분에서는 목소리가 간단명료해야 하고, 본론 부분에서는 변화가 있어야 한다.

명확성과 완급 조절

수사학의 다양한 이론을 집대성한 저자 미상의 《수사학과 양식》을 보면, 표현은 음성 부분과 신체 동작 부분으로 구분되어 있다.

음성은 크기, 안정성, 유연성이 중요하다. '안정성'이란 호흡이
뒷받침되어 떨림 없이 말하는 것을 의미한다. '유연성'은 적절한
억양을 말한다. 억양에는 3가지 방식이 있다. 설명할 때는 대화적
음조를, 강조할 때는 논쟁적 음조를, 분노할 때는 증폭된 음조를
내는 것이다. 이 이상의 구체적인 방법은 명시되어 있지 않다.

동작은 대부분 얼굴의 표정과 손동작의 설명에 집중되어 있다.
특히, 피해야 할 동작은 다음과 같다.

- 입술을 실룩거리는 것
- 입을 과장되게 크게 벌리는 것
- 머리를 뒤로 젖히는 것
- 시선이 아래로 향해 땅을 보는 것
- 눈썹을 치켜세우는 것

또, 손을 이용한 제스처를 강조한다. 손동작에 대해 키케로는
다음과 같이 말했다.

> 손이 행할 수 있는 동작은 말의 숫자와 맞먹는다. 신체의 다른
> 부분도 말하는 사람을 도와주기는 한다. 그러나 손은 그 자체
> 로 말을 한다.

그렇다. 손은 그 자체로 말을 한다. 말로만 하는 경우보다 제스

처까지 사용하는 편이 화자의 진심이 설득력 있게 전달된다. 로마의 수사학자인 퀸틸리아누스 역시, 손동작 즉 제스처를 강조한다.

> 손은 그 자체가 제2의 말이다. 손은 요구하고 약속하고 호소하고 위협하며 간청하고 질문하며 부정한다. 손은 슬픔, 주저, 고백, 회한, 절제 등을 말한다. 수많은 민족들과 국가들에서 행해지는 다양한 언어들 가운데 손은 만인의 공통된 언어이다.

사실 표현술이란 학자들마다 설명하는 용어만 다를 뿐, 같은 맥락에 있다. 표현에서 중요한 것은 결국 '명확성'과 '완급 조절'이다. '명확성'이란 말 그대로 콘텐츠가 왜곡 없이 명확하게 전달되어야 하는 것, '완급 조절'은 적절한 감정을 통한 억양 조절을 말한다.

이 책은 스피치 기술을 설명하는 책이 아니므로, 명확성을 갖추는 발성, 음색, 억양 등에 관한 내용을 모두 설명할 수는 없지만 하나의 포인트만 짚어보도록 하겠다. 바로 '발음'에 관한 것이다. 발음은 전달하고자 하는 내용을 제대로 말하는 데 있어서 가장 기본적이고 중요한 요소다.

아래 도표의 글자들을 가지고 다양하게 발음 연습을 할 수 있다. 빠르고 정확하게 읽을 수 있도록 계속 반복해서 읽다 보면 입과 혀가 부드럽게 풀린다. 한결 구강이 부드러워지고 정확한 발음을 낼 수 있게 된다. '가게기고구', '나네니노누'와 같이 이어지게 반복해서 읽어보자.

가	나	다	라	마	바	사	아	자	차	카	타	파	하
게	네	데	레	메	베	세	에	제	체	케	테	페	헤
기	니	디	리	미	비	시	이	지	치	키	티	피	히
고	노	도	로	모	보	소	오	조	초	코	토	포	호
구	누	두	루	무	부	수	우	주	추	쿠	투	푸	후

이어, 다음 문장도 반복해서 읽어보자. 입 모양이 훨씬 유동적으로 움직이며 일상의 말하기에서도 발음이 한결 정확해진다.

- 칠 월 칠 일은 평창 친구 친정 칠순 잔칫날
- 저기 저 뜀틀이 뛸 뜀틀인가 내가 안 뛸 뜀틀인가.
- 동편 뜰 서편 소풍 길 다 무사했답니다.
- 간장공장 공장장은 강공장장이고, 된장공장 공장장은 장공장장이다.
- 이 행사는 삼성생명 협찬입니다.
- 저기 있는 말 말뚝이 말 맬 만한 말 말뚝이냐 말 못 맬 만한 말 말뚝이냐.
- 한양양장점 옆 한영양장점, 한영양장점 옆 한양양장점.
- 옆집 팥죽은 붉은 팥 팥죽이고, 뒷집 콩죽은 검은콩 콩죽이다.
- 검찰청 쇠철창살은 새 쇠철창살이냐 헌 쇠철창살이냐.

• 저기 있는 저분은 박 법학박사이고, 여기 있는 이분은 백 법학박사이다.

특별히 안 되는 발음은 적어놓고 차 안이나, 화장실 등에서 자투리 시간을 이용해 연습하면 좋다. 또 녹음기를 활용하는 방법은 매우 효과적이다. 자신의 목소리를 들어보면 객관적으로 어느 부분이 이상한지 들린다. 발음 연습을 하는 사람들 중에 종종 신문을 읽는 사람들이 있는데, 무작정 읽기보다는 한 번 눈으로 읽고 그 뜻을 이해하고 난 다음에 소리 내어 읽는 것이 좋다. 뜻을 알고 있는 것은 전달력 향상에 큰 도움을 준다.

특히, 다음 사항을 체크하며 읽기 연습을 하면 더욱 효과적이다.

• 10분 동안 일정한 속도로 쉬지 않고 신문 읽기
• 한 호흡에 몇 단어나 읽을 수 있는지 확인하기
• 읽어보지 않은 원고를 오독 없이 한번에 읽어보기

인류 최고 선동가, 히틀러의 스피치

소피스트들은 자신의 주장을 극대화하기 위해 때로는 진실하게, 때로는 화난 것처럼, 때로는 억울한 것처럼 보이도록 연출했다. 그래서 그들은 연기까지 배웠다. 이러한 소피스트의 표현술을 가장 잘 활용하고 계승한 사람이 있다. 바로 히틀러(Adolf Hitler)다.

　그는 훌륭한 리더는 아니었지만 성공한 '선동가'였다. 소피스트들이 그를 만났다면 최고의 연설가라고 치켜세웠을 것이다, 히틀러가 그렇게 빨리 권력을 장악할 수 있었던 것은 그만의 독특한 연설 능력 때문이었다. 그는 연설할 내용을 생각해내고 이를 잘 정리하여 언어의 옷을 입히는 일에 매우 뛰어난 능력을 갖고 있었다.
　그는 청중을 자신의 편으로 끌어들이기 위해, 열변을 토해내는 동시에 온몸으로 연기를 하기도 했다. 그러한 그의 연출력은 청중으로 하여금 신화 속 영웅이나 종교 지도자와 같은 모습을 떠올리도록 만들었다. 그의 열정적인 연설을 접한 청중은 더 이상 수동적으로 듣기만 하는 청중 그 이상이 되었다. 히틀러의 이데올로기를 수호하는 전사로 변모한 것이다.
　청중은 히틀러에게 마음을 빼앗겼으며, 그들의 답답함과 불만 같은 것들을 그의 연설을 통해 해소했다. 계층 간 불화는 가상의 민족 공동체 담론 속에 녹아내리고, 경제적 곤궁은 연설이 제안하는 비전에 힘입어 견딜 수 있게 되었다. 청중은 히틀러의 레토릭을 통해 어느새 나치즘(Nazism)의 광신주의자가 되어 있었다. 그는 소피스트의 수사학을 철저하게 그리고 절묘하게 활용했다.

　그가 발표할 때 몸동작을 어떻게 취했는지 좀 더 구체적으로 알아보자. 연설의 초반부에 히틀러는 보통의 자세로 선다. 무릎은 수평으로 하고, 발은 약간 열어놓고, 팔은 떨어뜨리고, 어깨를 느슨하게 하고, 두 손은 하복부 앞에 교차시키고, 목은 약간 앞쪽으로 뺐다.

연설이 진행될수록 그의 음성은 점점 고음이 되면서 독일이 처한 비참한 상황을 단어 하나하나에 힘을 주어 설명했다. 그는 장황하고 독특한 연설 방식으로 청중의 지적 저항 능력을 마비시켰다. 그러다가 베르사유 조약의 부당함과 바이마르공화국의 무능함, 유태인을 언급하는 대목에서는 목을 쭉 빼고 머리는 튕겨져 나갈 듯 앞으로 내밀었다. 분노의 마음을 담은 표정으로 눈은 점점 허공을 응시했다. 정령이 그 안에 들어와 격정이 폭발하기 시작하는 것이다. 그가 뱉어내는 증오와 분노 그리고 거기에 독특한 음성과 몸동작이 어우러져 청중은 깜짝 깜짝 놀랐다.

히틀러의 몸동작은 역동적이고 긴장감에 차 보이지만, 사실 단조로운 몇 가지 패턴이 반복되고 있다. 특히 몸동작이 바뀌는 지점이 정확하게 구분되고 발화 시에 박자와 리듬이 딱 들어맞는다. 이는 그가 연습을 통해 이러한 제스처를 몸에 익혔음을 짐작하게 한다. 히틀러는 군중의 마음을 사로잡기 위해 연기를 연마하고, 거울 앞에 서서 배우처럼 몸짓이나 포즈를 끝없이 연습하였다.

전달하려고 하는 내용의 진지함과 청중을 열광시키는 히스테릭한 몸동작의 변화는 히틀러식 스피치의 전형을 이룬다. 그는 연설 서두에 국가의 심각한 정세를 크게 염려하는 사려 깊은 지도자의 모습을 보여주다가 연설의 절정에 오르면, 확고한 믿음으로 똘똘 뭉친 성직자의 모습을 보였다. 이러한 전개는 그의 생각에 반박의 여지가 없도록 해준다. 특히 그는 특정 사안에 대해 이야기할 때, 이를 실제로 해결하기 위한 명확한 방법을 제시하지 않는다. 청중이 이를 알아채지 못하도록 의도적으로 대강의 윤곽만 흘린다. 하지만 그러한 내용은 그의 독특한 기술에 가려져 청중에게 묻힌다.

히틀러의 표정과 몸짓은 연설 내용에 상응하는 감정을 청중에게 불러일으키기 충분했다. 그는 국가 사회주의 운동에 대해서 열변을 토하면서 청중을 열광시키고, 유태인에 대한 험담을 늘어놓으면서 그들을 증오에 가득 차게 했다. 물론 자신도 증오로 부들부들 떨면서. 청중에게 혼을 다해 연기하고 발표하느라 몸은 한시도 가만히 있지 않고 부단히 움직였다. 온몸은 금세 땀으로 흠뻑 젖고, 빳빳하게 풀 먹인 옷깃은 흐느적거렸다. 연설이 끝난 후 히틀러는 완전히 탈진한 채 호텔 방으로 가고, 히틀러의 부관은 방문객을 향하여 "그분을 놔두십시오, 그분은 완전히 지쳤습니다."라며 그와의 접촉을 가로막았다. 목격자들에 증언에 의하면, 히틀러는 연설이 있은 다음 날 아침, 전날 연설로 인한 피로에서 회복

청중은 히틀러의 레토릭을 통해 어느새 나치즘(Nazism)의 광신주의자가 되어 있었다.
그는 소피스트의 수사학을 철저하게 그리고 절묘하게 활용했다.

대중의 수용성은 아주 한정되고 지성은 작지만
망각능력은 엄청나다.

_ 히틀러

되지 못한 채, 호텔방에서 쭈그리고 앉아 힘에 겨운 모습으로 야채 스프를 떠먹고 있었다고 한다. 히틀러의 연설은 정치적 주제를 표명하기 위한 보조수단이 아니라, 청중이 굳은 믿음으로 그를 따라오게 하는 결정적 수단이었다.

히틀러 연설은 성행위의 대체행위로 해석되기도 한다. 히틀러는 자신을 완전히 드러낸 말투로 대중이 자신의 '유일한 신부'라고 했다. 당시의 실황 녹음을 들어보면 성교의 특성이 보인다. 시작 부분의 숨이 멎을 듯한 정적, 대중의 짤막하고 날카로운 외침, 흥분의 고조, 해방의 외침, 이어지는 환희, 새로운 흥분으로 고조, 마침내 자제력을 잃고 물밀 듯이 쇄도하는 연설의 오르가슴을 느끼며 내지르는 황홀경의 신음 소리….

히틀러는 연설에 있어 대중과의 일체감을 무엇보다도 중요하게 여겼다. 초기 당수 시절 오전에 집회를 가진 적이 있었는데, 청중이 홀을 가득 메웠음에도 불구하고 어떠한 교감도 이루어내지 못했다. 이 일이 있은 후, 그는 모든 행사를 저녁시간으로 잡았다. 밤은 인간 의지의 자유를 방해하려 하는 선동가의 의도를 한결 쉽게 도와주는 신비스러운 어둠을 제공했다. 여기에 바그너의 악극과 가톨릭교회의 전례예식이 혼합된 미학적 연출은 행사의 효과를 극대화시켰다. 행사의 정점에는 언제나 히틀러의 연설이 자리했다. '바덴바일러의 행진곡'과 함께 히틀러가 등장할 때면, 사람들은 발을 구르며 열광했다.

　그는 연단 앞에서 한동안 기계적으로 손을 흔들면서 말없이 넋나간 모습으로, 쉬지 않고 시선을 바꾸면서 혼을 부를 준비를 한다. 대중의 외침을 통해 전해진 힘으로 자신을 가득 채워 서서히 상승시킨다. 종종 몇 분 동안이나 고조된 집중을 위한 침묵이 있고, 그 후 최초의 말은 공기를 쓰다듬듯 정적 사이로 퍼져나간다. 시작 부분은 단조롭고 진부하고, 대개는 도약하던 시절의 전설에 관한 이야기를 늘어놓는다. 그 사이 누군가 내지르는 외침은 그에게 영감을 준다. 반응으로 나오는 날카로운 발언에 열망하던 최초의 박수갈채가 터져 나오고 이는 그와의 접촉을 마련해준다. 그는 격앙되어 도취상태에 빠지고, 약 15분쯤 지나면 무아지경이 된다. 격렬하고 폭발적인 움직임과 함께 쇳소리로 변한 음성이 가차 없이 급상승하면서, 그는 마구잡이로 말들을 토해낸다. 그는 귀신을 부르듯 도취되어 두 주먹을 얼굴 위로 치켜 올리고 눈을 감는다.
　그는 소름끼칠 정도로 완벽하게 수사학을 계승한 연설가였다.*

* '히틀러의 스피치 – 수사학적 관점에서 바라본 히틀러의 연설'을 인용(김종영, 한국수사학회 고려대학교 레토릭연구소, 2005년 9월 학술발표회)

15
행동을 이끄는
수사학

생각을 생성하는 수단

1963년 8월 24일, 미국 일간지에 한 장의 사진이 실린다. 그 사진은 전날 있었던 마틴 루터 킹(Martin Luther King) 목사의 워싱턴 행진 연설의 모습이었다. 그런데 재밌게도 사진은 마틴 루터 킹 목사가 연설하는 정면 모습이 아니라, 뒤에서 찍은 것이었다.

이 사진을 통해 우리는 마틴 루터 킹 목사가 워싱턴 링컨 기념관 계단을 물리적으로 얼마나 뛰어나게 활용하였는지 알 수 있다. 그는 이 공간을 이용하여 자신이 전달하고자 하는 메시지를 한층 강화시켰다. 그의 연설 두 번째 문장은 다음과 같다.

100년 전, 한 위대한 미국인은 노예 해방령에 서명했습니다.
그리고 오늘 우리는 그의 상징적인 그림자 아래에 서 있습니다.

마틴 루터 킹 목사는 링컨의 이름을 언급하지 않고서도 청중으로 하여금 링컨을 떠올리게 하였고, 민권운동에서 노예해방을 연상하게 했다. 미국 국기, 성직자풍의 의상, 손바닥을 편 자세도 유리하게 작용했다. 그의 아내 코레타 스콧 킹(Coretta Scott King)이 참석한 모습은 가정적인 면모를 보여주었다.

사진 한 장으로 연설이 전하는 여러 은유적 메시지를 읽을 수 있는 것이다. 이것이 바로 보이는 수사학, '시각적 수사학'이다.

이는 영화와 TV에서도 찾아볼 수 있다. 아이들이 행복하게 뛰노는 장면에서 갑자기 낯선 인물이 멀찍이서 쳐다보는 장면으로 전환되면, 우리는 불길한 사건이 일어날 것을 직감한다. 소설도 마찬가지다. '옛날 옛적에'라는 구절은 특정한 종류의 이야기를 기대하게 한다. 보이는 수사학의 일종이다.

수사학은 생각을 표현하는 수단일 뿐만 아니라 '생각을 생성하는 수단'이기도 하다. 따라서 단순한 메시지 전달을 넘어, 다른 무언가를 담는 노력이 필요하다. 이런 부분은 비언어적 표현. 즉 제스처, 의상, 자세, 분위기 등이 좌우한다. 설득을 완성하는 것은 청중이기 때문에 그들에게 보이는 것, 비언어적 요소는 중요하다.

말을 통해 행동을 이끈다

소피스트들이 했던 3단계 연설 훈련이 있다.

1단계는 '생생한 경험 창조' 단계다. 말 그대로 청중으로 하여금 상상하도록 만드는 것이다. 어떤 이야기를 들었을 때 그 상황이 머릿속에 그려지도록 한다. 감정이입을 통해 그 상황을 안타깝게 여기도록 만든다. 예를 들면, 내 토지에 대한 자료, 증언 등이 없다고 하더라도 그곳의 모습을 생생하게 표현하고 삶의 터전에 얽힌 이야기를 통해 사람들로 하여금 토지에 대한 감정을 일으키는 것이다.

이 방법은 상당히 과학적인 방법이다. 우리 뇌는 '시각의 뇌'라고 해도 과언이 아니다. 받아들이는 정보의 2/3가 시각적 자료이기 때문이다. 소피스트들은 연설 내용을 암기할 때도 시각적 방법으로 했다. 집의 구조를 생각하며 스피치의 도입, 본론, 결론을 기억하는 방식이다. 현관과 마당, 거실 등의 순서에 맞게 내용을 배치해놓고 기억한다. 뇌는 생생하게 그려지는 내용을 더 쉽게 받아들인다.

그래서 소피스트는 스토리텔링을 강조했다. 우리 뇌는 내 경험에 맞는 정보를 반복해서 들을 때 확신하게 된다. 내가 경험한 것과 다른 정보에는 거부감을 느끼는 반면, 내 경험과 익숙한 정보는 쉽게 받아들이고, 거기에 다양한 방식으로 반복을 거치면서 더욱 확신한다. 같은 내용을 반복할 때는 경험, 논리, 소문 등 다양한 방식으로 할 때 효과적이다.

그러나 당시 소피스트들이 뇌과학적으로 이를 알고 취했던 방식은 아니었을 것이다. 여러 해에 걸쳐 다양한 경험을 통해 노하우를 체득했음이 확실하다. 소위 임상실험을 통해 최선의 설득법을 찾아나가는 진화론적 방식으로 말이다.

2단계는 '인식의 변화' 단계다. 우선 내 이야기에 관심을 표명하고 상상하게 만들었다면, 논리적인 근거와 추론으로 사람의 마음과 생각을 변하게 만드는 것이다. 1단계가 감성적 접근이었다면, 2단계는 이성적이고 논리적인 접근이다. 논리적 흐름을 통해 내 이야기가 왜 참일 수밖에 없는지 증명한다.

마지막 3단계는 '믿음 형성'이다. 설득은 설득하는 그 자리에서 모두 마무리되는 것이 아니다. 또한 그 마무리는 상대가 하는 것이다. 믿음을 형성하기 위해서는 내가 진실한 사람으로 보여야 한다. 사실 법정에 섰을 때 배심원들은 알 수 있다. 그 사람이 진실한 사람인지 그렇지 않은지… 그동안 그 사람의 행실을 알고 있다면 그가 하는 말의 진정성을 판단할 수 있을 것이다. 만약 그런 것이 아니라면 재판 이후의 모습을 통해 내가 말한 것이 진실임을 믿게 만들어야 한다. 그러기 위해서는 주장의 일관성과 심성을 자주 어필하는 것이 중요하다.

믿음이 형성되었다면 다음은 행동하도록 만들어야 한다. 데모스테네스의 '아테네 시민이여 일어나라.' 연설처럼 결국 청중이 행동하도록 만드는 것이 수사학의 목표다. 말을 통해 행동을 이끄는 것이다.

언어행위이론 전문가 존 랭쇼 오스틴(John Langshaw Austin)은 《말로 행위하는 방식》에서 "말은 주먹과 같아서 늘 그 파급효과를 생각해야 한다."고 말한다. 주먹을 잘못 사용했다가는 여러 문제를 야기하기 때문이다. 그에 따르면 말로써 하는 대화는 6가지가 있다. 명령/요구, 강요, 겸허, 질문, 요청, 감탄이다. 말은 단순히 메시지만을 전하는 것이 아니라 여러 행동을 유발한다.

예를 들어 "조용히 해줄 수 있어?"라는 말은 질문이다. 하지만 명령이기도 하다. 실제로 조용해졌다면 말이 행동으로 이어진 것이다. 단순히 말하는 발화 행위를 넘어, 발화수반 행위(명령) 그리고 발화효과 행위로 이어진다는 것이다. 따라서 말을 할 때는 이 말이 어떤 행동을 유발할지 그 파급효과에 대해 고민해야 한다. 물론 그 파급효과를 극대화하기 위해서는 비언어, 보이는 수사학에 대한 고민이 수반되어야 한다.

선동의 달인 히틀러도 2차 세계 대전 발발 후에는 원고 없는 공개 연설을 거의 하지 않았다. 전쟁 전에는 즉흥 연설도 곧잘 하던 그가 변한 데에는 그만한 이유가 있다. 일시적 기분에 따라 말을 하다가 실수를 하면, 그 파급효과가 어마어마하게 크다는 것을 잘 알고 있었기 때문이다.

반복기법과 분리표현법

수사학에서는 표현을 극대화하기 위해 연기도 가르쳤다. 설득을 위해서는 상대방이 감동해야 하는데 그러기 위해서는 효과적인 표현이 중요했기 때문이다. 그들이 사용했던 언어적 표현을 보면 크게 3가지로 구분할 수 있다. 과장법, 반복기법, 점층법 등의 '강조법', 대구법 등의 '변화법' 그리고 은유법, 직유법 등의 '비유법'이 있다.

그리고 이런 방법들은 현대의 말하기에서도 발견할 수 있다. 통상 미사여구라는 것도 이런 표현법 중 하나였지만, 로마시대를 거쳐 너무 많이 사용하다 보니 진정성에 문제를 느끼게 하는 단점이 생겼다. 하지만 적절히만 사용한다면 상당히 효과적이다.

강조법의 대표적인 것은 반복기법이다. 역사적 명연설을 보면 거의 반복기법을 사용하고 있다. 오바마의 'Yes, We can.' 연설, 케네디의 베를린 광장 연설, 마틴 루터 킹의 '나는 꿈이 있습니다.' 연설 등이 대표적이다. 사실 화자를 향한 관심과 동기가 크게 없는 청중에게 무작정 이야기를 계속 해봐야 제대로 전달되지 않는다. 사람들은 선택적 지각을 하기 때문이다. 즉 자기의 신념에 따라 보고 싶은 것만 보고, 듣고 싶은 것만 골라 듣는다. 앞에서는 내 이야기를 듣는 척 하지만 진심으로 마음을 열고 듣고 있는 것은 아니다.

차라리 핵심 내용을 압축해 적절히 반복하는 것이 사람들의 마음에 훨씬 오래 남는다. 키워드 중심으로 말하는 것이다. 정보 나열식보다 이 편이 훨씬 효과적이다. 중요한 프레젠테이션을 할 때도 마찬가지다. 짧은 시간 안에 준비한 것을 다 말하고 싶은 욕심을 버리고, 차라리 핵심 내용을 한 번 더 반복해주는 편이 낫다. 준비한 다른 내용은 자료집에 충실히 담아주면 된다. 반복도 단순반복이 아니라 때로는 객관적 증거, 때로는 경험, 이야기 등으로 변형해가며 하는 것이 효과적이다.

1933년 프랭클린 루즈벨트(Franklin Roosevelt) 대통령의 취임 연설에서도 반복기법이 사용되었다.

미국민은 실패하지 않았습니다.
미국민은 권한을 위임했습니다.

미국민은 지도자에게 방향을 요구했습니다.

미국민은 나를 임명했습니다.

나는 그 임무를 수행하겠습니다.

강조법의 두 번째 방법은 분리표현법이다. 한마디로 피아식별(彼我識別)을 하는 것이다. 청중은 깊게 고민하는 것을 싫어한다. 따라서 동기부여를 목적으로 하는 연설과 설득에서는 단순한 구조의 명료한 내용을 전하는 것이 좋다. 많은 변수를 말하는 순간 청중은 듣기를 포기한다. 이에 관한 대표적인 연설이 9.11 테러 발생 직후 부시 대통령이 의회에서 한 연설이다.

테러에 대한 전쟁은 알카에다와의 전쟁으로 시작합니다.

2차 대전의 영웅인 조지 스미스 패튼(George Smith Patton)의 연설에서도 피아식별이 명확하다. 우리를 한 팀으로 규정하고 적과 어떻게 싸워야 하는지 잔인할 정도로 강조한다.

스티브 잡스(Steve Jobs)의 프레젠테이션도 항상 가상의 적을 상정한다. 아이폰4 출시 프레젠테이션에서는 구글을 예로 들며 배터리 문제를 제기한다. 적으로 설정된 대상을 2시간 내내 중간 중간 언급을 하며 자사 제품과 대립각을 세운다. 피아식별을 통한 설득은 청중을 내 편으로 만드는 효과를 가진다.

여러 가지 변화법

변화법에서는 교차 대구법과 수사적 기법이 대표적이다. 교차 대구법은 어조가 비슷한 문구를 나란히 배치시켜 문장 변화를 주는 것이다. 예를 들어 "낮말은 새가 듣고 밤 말은 쥐가 듣는다." 같은 방식이다. 문장 형식에 변화를 주어 신선하게 다가가도록 한다. 1961년 존 F. 케네디(John F. Kennedy) 취임 연설에서 대구법을 찾아볼 수 있다.

국민 여러분.

조국이 여러분을 위해 무엇을 할 수 있을지 묻지 마십시오.

여러분이 조국을 위해 무엇을 할 수 있을지 물으십시오.

수사적 기법은 질문 기법과 같은 말이다. 답을 요구하는 진짜 질문이 아니라, 청중에게 메시지를 던져 주변을 환기시키는 것이다. 미국 독립혁명 지도자 패트릭 헨리(Patrick Henry)의 '자유가 아니면 죽음을 달라.' 연설이 대표적인 예다.

언제쯤 우리는 더 강해지겠습니까?

영국군이 주둔하면 우리는 강해집니까?

가만히 있는데 우리가 강해진다는 말입니까?

174

독립의 시기, 힘없는 미국을 한탄하며 어쩔 수 없이 영국을 받아들여야 한다고 주장하는 사람들 앞에서 한 연설이다. 반복되는 질문을 던져 사람들이 스스로 문제점을 생각하도록 만든다.

2008년 11월 4일 오바마 대통령의 취임 연설에도 수사적 기법이 나타난다.

아직도 미국이 무한한 가능성의 나라라는 것을 의심하는 사람이 있다면, 아직도 이 나라의 선조들이 꾸었던 꿈들이 살아 있는가에 대한 의문을 품은 사람이 있다면, 그리고 민주주의의 힘을 믿지 못하는 사람들이 있다면, 오늘이 그 모든 의문에 관한 답입니다.

젊은이, 늙은이, 빈자, 부자, 민주당, 공화당, 흑인, 백인, 라틴계 미국인, 동양인, 아메리카 인디언, 동성애자, 이성애자, 장애를 가진 자들, 장애가 없는 자들…. 우리 모두가 사람들이 품었던 의문들에 답했습니다. 오늘은 세계에 미국이 단순한 붉은 주(공화당)와 푸른 주(민주당)의 집합이 아닌 통일된 미국이라는 것을 알리는 전보와도 같았습니다.

오늘은 우리가 이룰 수 있는 일들에 대해 조금 더 냉소적이 되어야 한다고, 걱정해야 한다고 그리고 우리가 가진 것에 대해 의심을 품어야 한다고 계속하여 세뇌 당했던 평범한 자들마저 역사의 기다란 호에 손을 얹어 미래에 대한 희망을 향해 그 길을 꺾은 날입니다. 이것이 우리의 답입니다.

1963년 8월의 마틴 루턴 킹의 워싱턴 행진 연설에 이러한 은유법이 잘 나타나 있다. 흑인의 자유와 행복 추구권을 약속어음에 비유하고 이 약속어음이 현재 부도수표가 되어가고 있다고 말하며, 아픈 현실을 빗댄다. 1940년 5월 윈스턴 처칠(Winston Churchill)의 하원 의사당 연설에도 잘 나타나 있다. 독일 침공에 맞서 싸워야 하는 어려운 현실 속에서 처칠은 담대하게 다음과 같이 말한다.

제가 드릴 것은 피와 땀과 눈물밖에 없습니다.

나의 모든 것을 바쳐 싸우겠다는 강한 의지를 표현한 것이다.

16

상황에 맞는
말하기

그리스의 엔터테이너

소피스트는 여러 지역을 돌아다니며 다양한 강연과 토론을 했다.
그들은 그 시대의 정보 전달자였으며, 엔터테이너이자 정치가였
다. 그들은 상황과 청중에 따라 같은 주제라도 다른 방식으로 접
근했다.

소피스트는 그리스 사람들의 멘토였다. 다른 지역의 소식을 전
하고, 재미와 감동을 주는 이야기를 펼쳤다. 그들이 가진 정보를
주기도 했지만 사회적 이슈, 공통의 주제를 가지고 토론과 연설도
했다. 또한 청중과 정서적 교류를 위한 시도를 했을 뿐 아니라 자

기 논리를 극대화하기 위해 남을 비판할 때는 자신이 도덕적 우월자라는 생각을 가지기도 하였다.

소피스트들은 이런 과정을 통해 다양한 상황에서도 말을 잘할 수 있는 능력을 체득하게 된다. 강사들이 계속되는 강의를 통해 실력이 늘듯이, 그들 또한 수없이 반복되는 연설을 통해 설득술이 향상되었다. 물론 무조건 반복 연습한다고 실력이 느는 것은 아니다. 방향성에 맞게 다양한 상황에서 연습할 때 가능한 일이다. 그들은 그 방법을 알고 있었다. 그들은 상황에 맞게 말할 수 있는 '상황 적응자'였다.

가장 말을 잘하는 사람은?

이슈의 내용과 청중과의 관계에 따라 다음과 같이 4가지로 화자의 유형을 구분할 수 있다.

유형 1: 정보 전달자

자신이 가진 이슈를 일방적으로 전한다. 청중과의 정서적 교류가 낮다. 정보 전달자로 뉴스 앵커가 여기에 해당된다. 앵커는 특별한 감정 없이 발생한 정보와 뉴스를 효과적으로 전달하는 것에 주안점을 둔다.

여기서 중요한 것은 '얼마나 정확하게 전달하는가'이다. 정확한 발성과 발음, 억양을 통한 안정적 전달 능력이 중요하다.

유형 2: 엔터테이너

자신이 가진 이슈지만 청중과의 정서적 교류가 높은 단계로 엔터테이너다. 스포츠 캐스터를 생각해보자. 스포츠 경기의 모습을 일방적으로 전달하지만 항상 고민하는 것은 시청자의 마음을 사로잡는 것이다. 발생하는 내용을 청중이 알기 쉽고 재미있게 이해하도록 노력하는 것이다.

이 유형은 발음, 발성과 같은 능력보다 '표현력'이 중요하다. 중요한 것은 표현력이다. 같은 현상을 무미건조하지 않고 재미있게 표현해야 한다.

유형 3: 직설자

청중 관련 이슈를 다루지만 청중과의 교류는 낮다. 대표적으로 군사령관이 여기에 속한다. 카리스마 있게 조직의 비전을 제시하는 사람이다. 스티브 잡스도 이 유형에 해당된다. 조직 안에서는 카리스마 있고 권위적인 인물이다. 구체적 비전을 제시하는 능력, '강한 확신과 카리스마'가 중요하다.

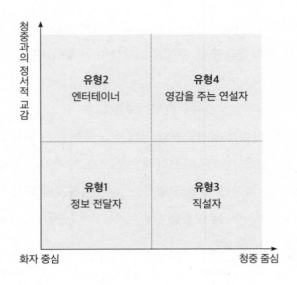

청중과의 정서적 교감

유형2
엔터테이너

유형4
영감을 주는 연설자

유형1
정보 전달자

유형3
직설자

화자 중심   청중 중심

유형 4: 영감을 주는 연설자

청중 관련 이슈를 다루며 청중과 깊은 교류를 나눈다. 대부분의 역사적 연설가들이 여기에 해당된다.

그렇다면 이 4가지 유형 중 어떤 유형이 가장 말을 잘하는 것일까? 한 가지 유형을 고르는 것은 무의미하다. 정말 말을 잘하는 것이란, 상황에게 맞게 1, 2, 3, 4 유형을 적용하는 것이다. 업무 브리핑에서는 정보 전달자로, 회식 자리에서는 엔터테이너로, 비전 발표회에서는 카리스마 있는 연사로, 후배들 앞에서는 영감을 주는 멘토로 때에 맞게 전환하는 사람이 정말 말을 잘하는 것이다.

소피스트와 철학자들은 우리에게 조언한다. "상황에 맞는 말하기를 하도록 노력하라."고 말이다. 내가 처한 상황이 정보 전달자, 엔터테이너, 카리스마, 영감을 주는 화자 중 어느 역할이 필요한지 판단해 거기에 맞게 적절히 말하고 설득하는 것이 중요하다.

17
보기 좋고 듣기 좋게
전달하라

말과 글의 미적 요소

16세기 독일 화가 그레고르 라이쉬(Gregor Reisch)의 '수사학 여인의 풍유'라는 제목의 판화 작품이 있다. 이 작품 속 중앙에는 젊은 여인이 있고 그 주변에는 논리학, 윤리학, 시학, 역사학, 법학 등 수사학과 연관이 있는 분야의 학자들이 위치하고 있다. 그런데 중앙에 있는 여인의 시선은 시학자에게 가 있다. 시학의 대표주자인 베르길리우스(Publius Vergilius Maro)가 든 책을 살며시 잡고 있는 모습으로, 당시 수사학에서 가장 중요하게 여긴 것이 말과 글의 미적 요소였음을 엿볼 수 있다.

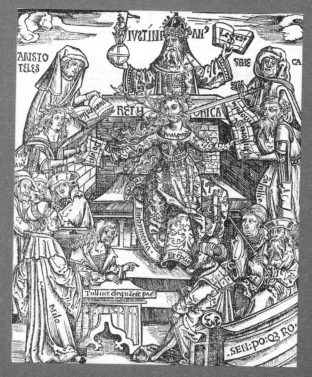

그레고르 라이쉬(Gregor Reisch)의 '수사학 여인의 풍유'

그들은 정복할 수 있다고 생각하는 자를
정복할 수 있다.

— 베르길리우스

초기 수사학은 이성적, 논리적 추론만을 강조했지만 시간이 지나면서 미적인 요소도 함께 중요시한다. 그것을 정리한 사람이 바로 로마의 퀸틸리아누스였다. 수사학을 로마에 소개한 키케로보다 후대 사람이다. 국가가 인정한 최초의 수사학 교사로 그는 연설가 교육 지침서인 《수사학 교육》을 저술하며 말하기에 대한 다양한 견해와 훈련 방법 등을 전했다.

그는 글쓰기와 읽기, 말하기를 함께 교육해야 한다고 강조했다. 즉 글쓰기와 읽기는 기초 과정, 그 후 연설문을 작성하고 말하는 것이 고급 과정이라고 주장했다. 글을 통해 표현과 사고력을 키우고 그것을 바탕으로 말하기 능력을 향상시키는 것이다.

수사학의 4가지 표현술

그는 수사학의 표현술을 다음과 같이 4가지로 정리했다.

첫째, '정확성'이다. 정확한 어휘 선택을 말한다. 정확한 표현을 통해 오해를 줄이고 연사의 전문성과 신뢰성을 강조하는 것이다. 예를 들어 "이번 프로젝트 성공의 장본인은 김 상무입니다."라는 말을 보자. '장본인'이란 '어떤 일을 꾀하여 일으킨 사람'이라는 뜻으로 부정적인 의미를 가진다. 이럴 때는 장본인이 아니라 '주인

공'이 정확한 표현이다. 같은 맥락으로 "이번 프로젝트는 김 상무 탓에" 혹은 "김상무 때문에 성공했습니다."라는 표현도 부적절하다. "이번 프로젝트는 김 상무 덕분에 성공했습니다."가 적절하다.

두 번째, '명확성'이다. 퀸틸리아누스는 명확성을 '그 표현보다 더 적당한 것으로 대체될 수 없는 것'이라고 정의한다. 애매한 말을 피하고 핵심을 구체적으로 명료하게 말하라는 것이다. 예를 들어 "공장 운영에 차질이 생겨 공정이 수일 지연될 듯합니다."라는 애매한 말은 다음과 같이 하는 것이 더 적절하다.

"공장 운영 시스템 업그레이드 과정에 오류가 생겨, 현재 파악하기로는 이틀 정도 공정이 지연될 것으로 예상합니다."

세 번째, '적절성'이다. '데코룸(decorum)'이라고도 말한다. 상황에 맞게 적절한 표현을 해야 한다는 것이다. 나이 든 사람에게는 대담하고 화려한 문체보다 간명하고 절제된 문체가, 젊은 사람에게는 과감하고 열정적인 표현이 좋다. 가르치기와 증명하기에는 정돈된 언어, 간결한 언어인 단순체가 좋고, 마음을 얻거나 즐겁게 하기 위해서는 일상적이고 자연스러운 중간체가 적절하다. 마음을 바꾸게 하거나 설득할 때는 다양한 미사여구가 들어간 숭고체가 좋다.

네 번째, '장식성'이다. 퀸틸리아누스는 명확성보다 때로는 장식성이 연설에서 더 중요하다고 말했다.

실수 없이 명확히 말하는 사람은 크게 인정받지 못한다.
그는 비록 실수는 피할지 몰라도, 위대한 성과를 이루기에는
아직 멀었다.

예를 들어 "시간을 낭비하지 말라."는 말을 한다고 치면, 다음과 같은 미사여구를 동원하는 것이 더 매력적으로 들릴 수 있다. 이문열의 《젊은 날의 초상》 중 한 부분이다.

시계의 초침 소리를 듣는 데 소홀하지 마십시오.
지금 그 한순간 한순간이 사라져 이제 다시 돌아올 수 없는 곳
으로 가버리고 있다는 것을 기억하십시오.
한번 흘러간 강물을 뒤따라 잡을 수 없듯이 그 어떤 사람도 잃
어버린 시간을 찾아 떠날 수 없습니다.

퀸틸리아누스는 표현의 기술을 이렇게 정리한다.

비유적인 표현은 자주,
신조어는 때에 따라,

고어는 드물게 사용하라.

  일상의 말하기에서 쓰는 표현방식까지 교정하기는 힘들다. 그러나 많은 사람들 앞에서 말할 때만큼은 상황에 맞는 원고를 작성해볼 수 있다. 상황과 청중, 주제에 맞게 단순체로 할 것인지, 일상적 언어, 미사여구의 언어를 사용할지 고민하고 글로 써본 후 직접 말해보는 것이다.

현대판 수사학과
소피스트

아리스토텔레스는 연설의 골격을 구성하는 주요 아이디어들의 집합을 '토포스(Topos)'라고 불렀다. 토포스는 그리스 말로 '장소'라는 뜻이다. 한 주제를 설명하기 위한 아이디어들을 발견하기 위해서는 이들이 모여 있는 기억 장소를 찾아야 하기 때문에, 이런 과정을 토포스를 발견하는 과정이라 불렀던 것이다. 토포스는 논의하기 위한 터전, 설득을 위한 수단이다.

쉽게 말해, 육하원칙과 같다. 즉 토포스는 우리가 생각을 할 때 여러 가지 시각을 가질 수 있도록 해주는 도구다. 교통사고를 이야기할 때 육하원칙을 쓰면 일목요연하게 설명할 수 있다. 토포스 역시 현상을 파악할 때 여러 가지 시각을 제공해주고, 이런 시각을 통해 다양한 아이디어를 얻을 수 있도록 도와준다.

18

카이로스를
아는가

시절과 때가 가장 적절한 순간

1963년 6월 26일, 붉은 천이 걸려 있는 브란덴부르크 광장에 수십만 명의 서베를린 시민들이 모였다. 소련과 동독의 압박이 계속되던 시기, 생존의 위협을 받고 있던 그들이 광장에 모인 이유는 살기 위해서였다. 미국의 젊은 대통령이 온다고 하는데 과연 그가 우리의 안전을 보장해줄 수 있을지, 과연 그가 어떤 메시지를 줄 것인지 귀 기울이고 있었다.

그 젊은 대통령은 독일어로 이렇게 말했다.

"나는 베를린 시민입니다(Ich bin ein berliner)."

존 F. 케네디의 첫 마디는 그 어떤 미사여구와 냉철한 말보다 더 큰 울림이 있었다. 자유를 지키는 사람 모두가 베를린 시민이며 자유진영이 서베를린을 지키기 위해 나서겠다는 약속이었다. 짧은 연설이었지만 수많은 관중은 열광했다. 베를린 시민을 위한 가장 적절한 연설이었다.

수사학의 목적은 결국 '상황에 맞게 적절하게 표현하고 듣는 이를 설득하는 것'이다. 다시 말해, 가장 적절한 순간에 가장 적당한 말을 하는 것이다.

수사학을 "각각의 특정한 상황에서 유용한 설득의 수단을 찾는 능력"이라고 규정한 아리스토텔레스의 말에서 알 수 있듯이, 결국 '상황에 맞는 말하기'가 수사학에서 표방하는 최고의 기술인 것이다.

수사학적 5가지 규범

그렇다면 어떻게 카이로스(kairos:시절과 때가 아주 적당한 순간)에 맞게 말할 수 있을까? 수사학자들은 '철저한 준비', 다시 말해 단계적으로 준비를 하는 것이 답이라고 말한다. 이것을 '수사학적 5가지 규범'이라고 정의한다. 5가지 규범은 연설을 준비하는 과정일 뿐만 아니라, 설득의 과정이기도 하다.

첫 번째는 '발상'이다. 주제와 말할 거리, 근거를 찾는 과정이다. 수사학자들은 "거의 모든 아이디어는 이미 우리 머릿속에 있고, 상황과 청중을 고려해 고민하는 과정을 통해서만이 이 아이디어를 찾아낼 수 있다."고 말한다. 듣는 사람이 누구인지, 상황은 어떤지, 내가 가지고 있는 콘텐츠는 무엇인지를 깊게 고민하여 말할 소재를 찾는 것이다.

베를린 연설의 상황으로 보자면, 존 F. 케네디의 발상은 '베를린 시민들이 원하는 것이 무엇인지'를 찾아내는 것에서부터 시작했다. 그리고 그는 베를린 시민들의 상황을 고려하여 고민한 결과, 그들이 원하는 것은 베를린 시민들과 함께 공산국가에 대해 맞서 싸우겠다는 의지와 약속이었다.

아리스토텔레스의 《수사학》에는 젊은 사람과 나이든 사람을 구분해 연설하라고 적혀 있다. 즉, 청중을 분석하라는 것이다. 젊은 사람들은 참을성이 없고 변덕스럽고 신체적 욕구가 강하다. 친구들과의 관계를 중시하고 이상을 좇기 때문에 눈앞에 이익보다는 이념을 강조하는 것이 그들에게 통한다. 반면 나이든 사람들은 불평, 불만이 많고 의견은 많지만 지식이 없기 때문에 칭찬을 통한 설득이 통한다. 이처럼 청중과 상황에 따라 주제와 말할 소재를 찾아가는 것이다.

아리스토텔레스는 연설의 골격을 구성하는 주요 아이디어들의 집합을 '토포스(Topos)'라고 불렀다. 토포스는 그리스 말로 '장소'라는 뜻이다. 한 주제를 설명하기 위한 아이디어들을 발견하기 위해서는 이들이 모여 있는 기억 장소를 찾아야 하기 때문에, 이런 과정을 토포스를 발견하는 과정이라 불렀던 것이다. 토포스는 논의하기 위한 터전, 설득을 위한 수단이다.

쉽게 말해, 육하원칙과 같다. 즉 토포스는 우리가 생각을 할 때 여러 가지 시각을 가질 수 있도록 해주는 도구다. 교통사고를 이야기할 때 육하원칙을 쓰면 일목요연하게 설명할 수 있다. 토포스 역시 현상을 파악할 때 여러 가지 시각을 제공해주고, 이런 시각을 통해 다양한 아이디어를 얻을 수 있도록 도와준다.

집값 급등의 문제에 토포스를 적용한 경우를 한번 보자.

현상 집값 상승률이 연일 기록을 경신하고 전세란이 지속되고 있다.

심각성 계층 간 갈등으로까지 번질 위험이 있다. 특히 젊은 세대의 좌절이 사회적 문제다.

본질 집값 급등의 원인은 심리적 요인이 크다.

해결방안 세제와 공급 확대 정책을 시행하고 있다.

실현 가능성 2017년까지는 주택 공급이 원활하지 못해 문제가 있다.

부작용 급조된 정책이 시장 불안감을 극대화하고 있는 것은 아닌지 우려된다.

퀸틸리아누스는 토포스를 아래와 같이 분류해놓기도 했다.

사람 국가, 성별, 나이, 교육, 신체, 신분, 본성, 직업
사안 이유, 장소, 시간, 비교, 정의

두 번째 단계는 '배열'이다. 말할 주제를 찾았다면 내용의 적당한 구조를 잡는 것이다. 아리스토텔레스는 기본적으로 사건 기술, 주장 후 그 사건에 의미를 부여하거나, 논증을 펴라고 말한다.

사건 기술 / 주장 - 의미 부여 / 논증

그런가 하면, 키케로는 도입부 – 핵심 내용(주장) – 개념 요약 – 주장 뒷받침 – 반증 – 호소의 구조가 좋다고 말한다.

도입 - 핵심 내용 - 개념 요약 - 주장 뒷받침 - 반증 - 호소

배열은 적절한 위치를 찾는 단계다. 카이로스에 맞게 말하기 위해서는 명확한 구조를 가져야 한다. 프레젠테이션을 할 때 사람들이 지루해하면 어떻게 할 것인가? 배열과 구조가 잘 되어 있다면

지루한 부분을 재치 있게 넘어갈 수 있다. 이것이 바로 틀을 잡아 말하는 '프레임 스피치'다.

세 번째 단계는 '표현 스타일'이다. 말할 때 어떤 분위기로 말하는 것이 좋을지 결정하는 것이다. 이 역시 청중의 상태, 분위기에 달려 있다. 좋은 예로, 2011년 애리조나주 총기 난사사건의 추모식에서 연설 도중 유가족을 보며 오바마가 행했던 51초 동안의 침묵을 들 수 있다. 무언의 레토릭, 수사학의 힘을 발휘한 것이다. 그것은 사전에 여러 상황을 분석하고 고민했기 때문에 나올 수 있었던 표현이다.

키케로는 연설에서 사용할 수 있는 표현에 장엄체, 중도체, 단순체가 있다고 말한다. 장엄체는 의식에서 주로 사용한다. 화려한 어휘와 비유, 시적인 표현 등을 쓰는 것이다. 중도체는 공식적이며 통상적인 표현이다. 단순체는 일상적인 편한 말이다.

시제와 관련된 표현도 중요하다. 만약 과거의 곤란한 문제에 대해 언급해야 한다면 미래시제를 중심으로 말하며 같이 나아갈 것을 강조하면 된다. 반면, 미래에 대한 갈등이 있다면 과거를 중심으로 과거의 인연을 부각시키는 방법이 있다. 감성적 호소를 위해서는 현재의 느낌을 오롯이 전달하는 것이 필요하다.

표현 중 가장 고급 기술은 역시 유머다. 하지만 우리가 경험해봤듯이 어설픈 유머는 안 하는 것만 못하다. 수사학에서 유머는 청중이 사회적으로 공유하는 어떤 가정에서 유발된다고 말한다. 즉 유머도 공감에서 출발한다는 이야기다. 모임에서 재미있는 친구들은 다른 친구의 이야기를 가지고 웃음을 준다. 뜬금없이 말하지 않고 우리가 그동안 알았던 친구의 모습에서 재미를 찾아낸다.

네 번째 단계는 '기억'이다. 고대에는 기록할 만한 종이 등이 일상적이지 않았기 때문에 연설할 내용을 모두 외웠다. 그들은 구성과 개념을 이해하는 것이 암기에 효과적이라고 여겼다. 앞서 언급한 것처럼 집의 구조를 가지고 연설의 내용을 외우는 식이다.

하지만 현대에 와서는, 내용 전문을 암기하기보다 키워드 중심의 큐카드를 가지고 연습하는 것이 좋다. 절대 원고를 읽지 말고 원고를 정리한 키워드만 가지고 연설을 해야 한다. 내용 전체가 머릿속에 그림이 그려질 때 상황에 맞게 말할 수 있다.

마지막 단계는 '전달'이다. 과거 소피스트들은 연기를 배우면서까지 자신의 콘텐츠를 최대한 제대로, 충분히 전달하고자 했다. 수사학 교재《애드 헤렌니움》은 포즈, 어조의 변화가 전달의 핵심이라고 말한다. 이 단계는 부단한 연습이 필요하다.

적절한 때를 찾아 적당한 표현으로 말하는 것. 즉 수사학의 정수를 몸소 실천하는 것은 단박에 될 수 있는 일 아니다. 위와 같은

5가지의 철저한 준비와 단계적 훈련을 통해 이루어지는 것이다. 상황과 청중 분석을 충분히 하고 단계적으로 준비해야 한다. 연설하기 직전 눈을 감고 전체 상황을 시뮬레이션하는 것도 큰 도움이 된다.

연설할 기회가 있는가? 짧은 이야기라도 상관없다. 발상 - 배열 - 표현 스타일 - 암기 - 전달의 단계로 준비하고 연습하라. 그리고 늘 청중과 상황을 분석하고 고민하라. 그 과정을 통해 청중의 마음의 문을 여는 적절한 때, 카이로스를 발견하게 될 것이다.

19

상황을
파악하는 기술

이성을 통해 생각한다

고대 그리스 당시 수사학의 쓰임은 크게 2가지, 바로 '법정 변론'
과 '정치 연설'이었다. 신화가 지배하고 관습이 주를 이루던 시기
에 이성적으로 접근하는 민주적 방법이 등장한 것이다. 역사적으
로 보더라도 수사학이 빛을 발한 시기는 공화정 같은 민주적 분위
기에서였다. 그러다가 황제가 지배하는 제정 로마시대, 교황이 지
배하는 중세시대로 넘어가며 수사학은 쇠퇴했다.

이처럼 수사학은 자유로운 사고와 이성적 논의, 민주주의와 관
련이 깊다. 수사학이 발전하면서 이성적, 논리적 방법을 통해 사

람들은 사안을 파악하는 능력을 얻게 되는데, 그 출발은 법정에서부터였다. 그리스 시대에 실제 있었던 법정 변론의 사례를 보자.

운동장에서 창던지기를 연습하던 한 젊은이가 창을 모으고 있던 소년을 맞춰 죽이는 사건이 발생했다. 과거의 형법으로는 사형이다. 과정이 어찌되었건 죽음이라는 결과만 놓고 봤기 때문이다.

하지만 수사적 변론술이 들어오면서 개연성, 정황 증거를 따지는 이성적 접근을 하게 된다. 즉 법정에서 다양한 가능성이 논리적으로 전개됐다. 창을 던지는 사람이 죽일 의도가 있었는지 이성적으로 판단해 처벌의 수위를 결정하는 것이다. 사안을 절대적인 관점으로 보지 않고 여러 가능성이 있을 수 있다는 개연성으로 판단했다.

쟁점 이론

이처럼 고대 그리스 시대 수사학은 이성을 통해 상황을 파악하는 능력을 중시했다. 이것이 바로 '쟁점 이론'이다. 기원전 2세기 헤르마고라스(Hermagoras)가 체계화한 것으로 변론에 있어 충돌하는 지점을 쟁점이라고 정했다. 그리고 쟁점을 정리해 상황을 명료하게 만들었다.

특히 수사학자들은 문제를 해결하거나 연설의 아이디어를 찾을 때 질문 형식으로 바꾸어 표현할 수 있어야 한다고 생각했는데, 이 과정은 곧 상황을 파악하는 과정이었다.

자, 그럼 쟁점을 찾고 정리해나가는 과정을 살펴보자.

1단계는 추정 단계다. '어떤 행위를 했는가? 하지 않았는가?'를 묻는다. 행동이 실제로 발생했는지 파악하는 것이다. 앞선 살인사건에 대입하자면, '창을 던져 사람이 죽은 일이 실제 발생'한 부분이다. 이 살인사건의 경우에는 발생했다는 것이 명확하지만, 실제 우리 일상에서는 실제 발생하지 않았음에도 불구하고 마치 발생한 것처럼 오해하는 경우가 종종 있다. 사안을 파악할 때 정말 그 행위가 이루어졌는지 파악하는 것이 우선이다.

2단계는 정의 단계다. '행위를 했다면 어떤 행위라고 정의할 수 있는가?'를 묻는다. 즉 '네이밍' 단계로 상황을 한마디로 정의하는 것이다. 살인 사건인지 우발적 사건인지 규정하는 단계이다. 정의한다는 것은 사안을 어떻게 바라보고 있는지 판단하는 것이다. 복잡한 사안일수록 명확한 언어로 상황을 정리하는 것이 필요하다.

3단계는 성격 규정 단계다. '비난 받을 행동인가? 정당화되거나 용서될 수 있는가?'를 묻는다. 즉 가치적 문제를 논의한다. 결국 이 사건에 대해 처벌을 어떻게 할 것인지. 어떻게 처리하는 것이 좋은지 논의한다.

4단계는 절차 단계다. '일의 절차가 정당하게 진행되었는가?'를 묻는다. 한마디로 사건의 진행 과정을 따져보는 것이다.

미국 클린턴 전 대통령의 성추문 사건에도 쟁점 이론이 들어가 있다. 1단계에서 행위 발생이 명백해졌을 때, 2단계에서 클린턴 대통령 측은 효과적인 네이밍을 한다. 불륜을 '부적절한 관계'라는 용어로 희석시킨 것이다. 그리고 3단계에서 일시적인 일이므로 탄핵까지 갈 필요는 없다고 주장한다. 그 다음 4단계로 이 사안이 언론에 노출되고 여론 재판을 받는 것이 얼마나 정당하지 못한지 설명함으로써 절차적 정당성을 문제 삼는다.

어떤 상황이 발생했을 때 4단계, 즉 '발생했는가?' '발생했다면 어떻게 정의할 수 있는가?' '정당한 것인가?' 그리고 '절차는 어떠한가?' 이 질문 형식을 적용하면 사안을 보다 효과적으로 바라볼 수 있다.

논리적 말하기, 특히 어떤 일을 설득하고자 할 때도 쟁점 이론 4단계는 유용하다. 내가 설득하고자 하는 문제를 적절한 네이밍을 통해 정의하고, 근거를 통해 타당성을 강조하며 절차를 알려주는 것이다. 예를 들어 조직 개편과 구조조정이 실행되는 정당성을 얻기 위해 '체질 개선'이라는 개념에 대해 정의를 하고 그것의 정당성을 부각시키며 절차적으로 합당함을 설명하는 식이다.

수사학의 원칙 중 하나는 '개연성'이다. 절대적 진리가 아니라 상황에 맞는 논리를 찾는 것이다. 모든 상황에는 거기에 맞는 논리와 근거가 있으며 그것을 찾아내는 것이 바로 최고의 설득이다. 그러기 위해서는 청중 그리고 상황과 끊임없이 교감해야 한다. 그리고 상황을 단계적으로, 제대로 파악해야 한다.

20

이상적 연설가,
후마니타스

말은 영혼의 약이다

고대 아테네의 직접 민주주의가 낳은 것이 바로 수사학이다. 연설
가는 광장에서 자신의 정치 신념과 외교적 계획을, 듣는 사람들
의 마음속에 그려 넣어야 했다. 그리고 말을 통해서 청중을 내 편
으로 만들어야 했다. 그래서 연설가의 수사학은 설득의 기술이다.
말을 통해 흩어져 있는 사람들을 자신의 뜻으로 모이게 하며, 흩
어지지 않게 만드는 '통합의 힘'인 것이다. 그것은 말의 논리성뿐
만 아니라 인간의 감정을 움직이며 성품을 통한 감동을 일으키는
언어의 모든 힘을 뜻한다. 말을 통해 사람을 움직일 수 있는 힘….

고르기아스는 헬레네 찬사에서 다음과 같이 말한다.

**약이 몸의 기능을 회복하고 개선하는 것과 같은 방식으로
말은 인간의 영혼에 작용한다.**

그리스 수사학을 로마에 전한 사람은 로마 공화정의 정치가이자, 철학자, 뛰어난 웅변가 키케로다. 키케로는 그리스에서 유학까지 한 정통파로, 그리스 학자들로부터 철학, 논리학, 수사학을 배웠다. 하지만 아리스토텔레스와 근본적인 차이점이 있었다. 그것은 수사학을 바라보는 관점이었다.

아리스토텔레스는 수사학을 '말을 잘하기 위한 기술'로 생각했다. 즉 충분히 활용할 수 있는 기술로 바라본 것이다. 따라서 도덕적, 윤리적 문제는 크게 신경 쓰지 않았다. 반면 키케로는 '수사학에서 가장 중요한 것은 기술이 아니라 연설자'라고 강조했다. 어떤 사람이 어떤 마음과 생각의 구조를 가지고 말하는지가 중요하다는 것이다. 그리고 그가 주장한 것이 바로 '이상적 연설가'이다. 이상적 연설가는 단순히 말을 잘하는 수사학적 모델이 아니라, 보편적 교양을 가진 사람을 말한다. 그것이 바로 '후마니타스(Humanitas)'다. 보편적 지식인이 바로 이상적 연설가인 것이다.

키케로는 이상적 연설가의 조건으로 3가지를 말한다.

첫 번째 조건은 '지식의 구성 능력'과 '균형감'이다. 편협하게 한쪽의 시각을 가지고 말하는 것이 아닌 모든 영역에 대한 지식을 가져야 한다. 말에 책임을 져야 한다는 것이다. 그것은 안다는 것을 안다고 하고 모르는 것을 모른다고 말할 수 있는 용기다. 그리고 균형적 지식을 의미한다.

두 번째 조건은 '공동체에 대한 의무감'이다. 조직에 참여하는 것은 중요한 의무로, 결국 말을 매개로 공동의 일에 참여하고 공동체를 위해 일해야 한다고 강조한다. 이것 역시, 말에 대한 책임, 조직에 대한 실천을 강조한 것이다. 내가 속한 조직에 대해 비난하기 전에, 조직의 구성원으로서 책임을 지고 말을 통해 실천해야 한다는 것이다. 즉 언행일치를 뜻한다.

세 번째 조건은 연설을 효율적으로 '조절하는 능력'이다. 그것은 장소, 청중, 주제에 따라 스피치를 조절하는 것이다. 역시 청중 분석을 하며 나만의 이야기가 아닌, 상황에 맞는 이야기를 하는 것이 중요하다고 한다. 그것은 소피스트가 한 것처럼 철저한 준비가 필요하다는 것을 의미한다.

내가 만나본 뛰어난 연사들은 청중 앞에 설 때 즉흥적으로 나서지 않았다. 충분한 언어구사력을 가졌음에도 청중과 상황에 대한 분석을 통해 철저히 준비했다.

상위인지 능력이 필요하다

완벽한 발음과 안정된 발성을 가진 멋진 남성이 있다. 외국에서 공부한 탓인지 외모부터 말하는 모습까지 퍽 완벽하다. 회사는 그에게 거는 기대가 크다. 이번에 발주하는 사업과 관련해 다른 회사와 프레젠테이션 심사가 있기 때문이다. 그런데 그 남자는 한사코 발표를 하지 않겠다고 한다. 그는 발표할 때 자신이 긴장하고 떠는 모습을 잘 알고 있기 때문이다.

멀쩡한 외모와 지식, 언어습관을 가졌지만 발표만 하려고 하면 작아지는 사람을 우리 주변에서도 종종 볼 수 있는데, 그들에게는 다음과 같은 특징이 있다.

- 다른 사람들 앞에서 이야기할 때 중언부언한다.
- 당황하면 말문이 막힌다.
- 원고는 읽을 수 있으나, 원고 없이는 죽어도 발표를 못한다.
- 중요한 자리에서 꼭 발표불안증이 찾아온다.

위 내용에 해당되는 것이 있다면 당신은 '상위인지 능력'을 향상시킬 필요가 있다. 어렵게 생각하지 말자. 상위인지 능력이란, 말하고 있는 내 자신을 점검하고 통제하는 또 다른 나라고 이해하면 된다. 다시 말해 발표나 연설 상황에서 자신을 통제하는 능력이다. 발표하는 나를 또 다른 내가 객관적으로 파악하고 관찰하는 것이다. 말을 하면서 떨지 알고, 예기치 않은 경우에도 상황을 재빨리 파악하여 수습하는 능력이다.

- 회사 CEO가 참석하는 중요한 회의시간. 프레젠테이션을 하는데 실수로 전원 코드를 건드려 컴퓨터가 꺼졌다. 그때 당황하지 않고 발표를 이어가는 사람
- 수많은 사람들 앞에서 특강을 하고 있다. 이야기를 하다가 다음 이야기가 생각나지 않는다. 그때 다른 이야기를 하면서 시간을 조절하고 기억을 더듬는 사람
- 연설 도중 청중이 졸고 있다. 하던 이야기를 멈추고 재미있는 일화를 이야기하면서 청중이 다시 집중하도록 하는 사람
- 마음에 드는 이성이 있어 데이트를 신청할 때 떨지 않고 조리 있게 자기 할 이야기를 다하는 사람

이런 사람들은 상위인지 능력이 높은 것이다. 말하기에 있어 개별적인 능력이 아무리 강하다고 하더라도, 이러한 상위인지 능력이 부족하면 효과적인 말하기를 할 수 없다. 즉 음성적 요인이 뛰어나고 콘텐츠가 풍부하며, 외모가 호감형이더라도 이런 요소들을 조절하고 통제하는 능력이 없으면 아무 소용이 없다. 왜냐하면 상위인지 능력 없는 발표는 방향키 없는 배와 같기 때문이다.

키케로가 말한 이상적 연설가는 결국 위에서 언급한 3가지 조건에 더불어 상위인지 능력을 가진 인간, 즉 후마니타스를 의미한다. 균형 잡힌 지식이 있으며, 공동체에 대한 의무를 가지고 상황에 맞게 말하는 사람. 우리가 추구해야 할 이상적 연설가의 모습이다.

후마니타스적 말하기

그럼 청중 앞에서 후마니타스적으로 말하기 위해서는 어떤 점을 고려해야 할까?

우선, 지금 하려는 발표 내용이 나의 입장뿐 아니라 다른 사람의 입장을 고려한 발표인지 생각해봐야 한다. 논쟁이 있는 업무를 처리할 때, 혹은 설득의 자리에서도 나의 의견뿐 아니라 상대의 입장을 말하는 균형이 필요하다. 지식의 구성 능력은 사안을 다양한 시각으로 바라보고 최선의 방법을 찾는 것이다. 그러기 위해서는 '나도 틀릴 수 있다.'는 생각이 필수다.

두 번째, 조직 공동체를 위한 진심과 비전이 담겨 있는지 돌아봐야 한다. 내가 몸담고 있는 조직을 아끼는 마음이 담겨 있어야 한다. 설령 나의 이익과 대치되더라도, 한 번 더 생각하는 자세가 필요하다. 조직 개편에 우리 부서가 통폐합된다고 하더라도 조직 전체의 역량과 역할에 맞는 것이라면 인정하고 수용하는 자세는 말의 영향력을 더 크게 발휘하게 한다.

마지막으로 청중과 상황에 맞는 적절한 발표인지 점검해봐야 한다. 좋은 발표는 말을 많이 하는 것이 아니다. 상황에 맞게 적절히 하는 것이다. 부하 직원들이 스트레스를 푸는 회식 자리에서 눈치 없이 회사 업무 내용을 길게 말하는 것, 단기 계약직 직원 앞에서 신세 한탄을 하는 것 등은 적절하지 않다. 어떤 장소에 갈 때는 상황, 청중 등을 고려해 어떤 말을 할 것인지 어떤 주제를 말할지 미리 고민하는 습관을 가져야 한다.

후마니타스적 말하기는 하루아침에 이루어지거나 선천적으로 타고나는 것이 아닌 부단한 훈련과 준비를 통해 이루어진다. 특별히 시간을 내어 연습할 필요는 없다. 방향성을 잡고 생활 속에 적용하는 것이 필요하다.

21

수사학을 계승한
현대판 소피스트

수사학의 계승자들

지금까지 설명한 수사학의 특징을 정리하면 다음과 같다.

첫째, '키워드' 중심이다. 사람들에게 들려줄 말을 압축하고 적절히 반복하는 것이다. 내 중심으로 하는 말은 길어지기 쉽지만, 청중을 중심으로 하는 말은 최대한 청중에게 맞추어 분량이 조절될 수 있다.

둘째, '스토리텔링'이다. 스토리텔링은 구어체적 요소와 이야기가 들어 있는 서사적 요소로 구성되어 있다.

세 번째, '표현력'이다. 수사학에서는 연기를 이용할 정도로 내용을 어떻게 전달하는지에 중점을 둔다.

마지막으로 철저한 '준비와 분석' 그리고 실전으로 이어지는 선순환 구조이다. 소피스트들은 같은 내용이지만 각 지역을 다니며 다른 방식으로 전달했다. 그 과정을 통해 스피치의 내공을 얻게 되었다.

이런 수사학의 특징은 역사적으로 길이 남는 명연설에서 보이는 특징과 같다. 연설가 자체의 뛰어난 전달 능력도 있었겠지만 그들의 연설은 구조적으로 안정성을 가지고 있었다. 즉흥적으로 말한 것이 아니라 철저한 분석을 통해 짜여졌기 때문이다.

이런 짜임새 있는 명연설을 남기며 수사학을 계승한 현대판 소피스트들이 있다. 19세기 이후로 국한하여 3명을 꼽았다.

링컨

에이브러햄 링컨은 미국 역사상 가장 존경받는 대통령으로 남북전쟁을 승리로 이끌고 노예해방을 이루어냈다. 그는 명연설 게티즈버그 연설을 남겼다. 미국 역사상 가장 많이 인용된 연설 중 하나이자 가장 위대한 연설로 손꼽히는 그의 연설은 시대를 초월해

링컨은 미국 역사상 가장 존경받는 역대 대통령으로 가장 많이 인용된 위대한 연설문을 남겼다.

만약 누군가를 당신의 편으로 만들고 싶다면,
먼저 당신이 그의 진정한 친구임을 확신하게 하라.

— 링컨

많은 사람들에게 감동을 주고 있다. 게티즈버그 전투가 있은 후 4개월, 전장에 세워진 추모비 봉헌식에서 거행된 이 연설은 불과 2분짜리였다.

명확한 키워드, 간결한 구조

게티즈버그 추모식장에서는 명웅변가 에드워드 에버렛(Edward Everett)의 연설이 먼저 있었다. 2시간 가까이 진행된 그의 연설에 뒤이어 링컨은 단 272개의 단어로, 2분 동안 연설했다. 그리고 사람들은 링컨의 연설만을 기억한다. 그의 간결함 속에 들어 있는 설득력 때문이었다. 많은 내용을 압축하여 필요한 것만 담은 간결함이었다. 내용을 압축한 간결함은 메시지의 명확성과 직결된다.

철저한 준비

지금으로부터 87년 전, 우리 선조들은 이 대륙에서 만인은 모두 자유 속에 잉태되었고 평등하게 창조되었다는 명제에 봉헌된 한 새로운 나라를 탄생시켰습니다.

우리는 지금 거대한 내전에 휩싸여 있고 선조들이 세운

나라가, 아니 그렇게 잉태되고 그렇게 '봉헌'된 어떤 나라가, 과연 이 지상에 오랫동안 존재할 수 있는지 없는지를 시험받고 있습니다.

오늘 우리가 모인 이 자리는 남군과 북군 사이에 큰 싸움이 벌어졌던 곳입니다.

우리는 이 나라를 살리기 위해 목숨을 바친 사람들에게 마지막 안식처가 될 수 있도록 그 싸움터의 땅 한 뙈기를 '봉헌'하고자 여기 왔습니다. 우리의 이 행위는 너무도 마땅하고 적절한 것입니다.

그러나 더 큰 의미에서, 이 땅을 봉헌하고 축성하며 신성하게 하는 자는 우리가 아닙니다. 여기 목숨 바쳐 싸웠던 그 용감한 사람들, 전사자 혹은 생존자들이, 이미 이곳을 신성한 땅으로 만들었기 때문에 우리로서는 거기 더 보태고 뺄 것이 없습니다.

세계는 오늘 우리가 여기 모여 무슨 말을 했는가를 별로 주목하지도, 오래 기억하지도 않겠지만 그 용감한 사람들이 여기서 수행한 일이 어떤 것이었던가는 결코 잊지 않을 것입니다.

그들이 싸워서 그토록 고결하게 전진시킨, 그러나 미완으로 남긴 일을 수행하는 데 헌납되어야 하는 것은 오히려 우리들, 살아 있는 자들입니다.

우리 앞에 남겨진 그 미완의 큰 과업을 다 하기 위해 지금 여기 이곳에 바쳐져야 하는 것은 우리들 자신입니다.

우리는 그 명예롭게 죽어간 이들로부터 더 큰 헌신의 힘을 얻어 그들이 마지막 신명을 다 바쳐 지키고자 한 대의에 우리 자신을 '봉헌'하고, 그들이 헛되이 죽어가지 않았다는 것을 굳게, 굳게 다짐합니다.

신의 가호 아래 이 나라는 새로운 자유의 탄생을 보게 될 것이며, 국민의, 국민에 의한, 국민을 위한 정부는 이 지상에서 결코 사라지지 않을 것입니다.

혹자는 링컨이 게티즈버그로 이동하는 기차 안에서 편지봉투 겉면에 즉흥적으로 연설문을 적었다라고 하는데, 사실은 그렇지 않다. 그는 봉헌위원회 회장에게 초청을 받았을 때부터 철저히 준비했다. 게티즈버그 묘지의 조경을 맡은 윌리엄 선더스(William Saunders)를 백악관으로 불러, 전투 당시의 상황을 전해 듣고 묘지의 모습까지 파악했다. 연설 전날 밤에는 정적이었던 윌리엄 H. 시워드(William Henry Seward) 국무장관을 찾아가 연설문을 보여주고 자문을 구했다. 그는 항상 머릿속에 연설문의 전체적인 그림을 그렸다. 그리고 기차 안에서는 그 그림의 얼개를 맞추는 시뮬레이션을 하며 메모했던 것으로 보인다.

그의 성실성과 노력은 어린 시절부터 지속된 것이다. 15살 때까지 글을 더듬거리며 읽었던 링컨은 대중연설법과 명연설 관련 책을 보며 그 대목을 따라 했다. 나중에는 변호사나 목사처럼 말하는 연습을 했으며 유머집까지 보면서 사람들 앞에서 이야기하는 것을 즐겼다. 자신의 약점을 파악한 링컨은 그것을 극복하기 위해 피나는 노력을 하였고 그것이 바탕이 되어 대통령까지 올랐다. 그리고 역사 속 길이 남는 명연설의 주인공이 되었다.

키워드 반복

소통의 달인들이 그랬던 것처럼 링컨 역시 자신의 키워드인 '봉헌(dedication)'을 반복했다. 처음에 나오는 봉헌은 미국이라는 나라의 건국 의미를 상징하며, 두 번째 봉헌은 게티스버그 전투에서 산화한 전우에게 땅을 바친다는 것이고, 마지막으로 이 자리에 모인 사람이 자신을 나라에 봉헌해야 된다는 것을 뜻한다. 이런 주요 키워드의 반복은 듣는 사람들에게 쉽게 각인될 뿐만 아니라 운율이 생긴다.

명확한 구조

272마디의 짧은 연설 속에는 짜임새 있는 구조가 있다. 탄생과 죽음 그리고 재탄생이라는 구조를 통해 이 추모식이 새로운 출발임을 선포한다. 이런 흐름은 사람들에게 쉽게 받아들여진다.

지금으로부터 87년 전 우리의 선조들은 이 대륙에서 만인은 모두 자유 속에 잉태되었고 평등하게 창조되었다는 명제에 봉헌된 한 새로운 나라를 탄생시켰습니다. — **탄생**

우리는 이 나라를 살리기 위해 목숨을 바친 사람들에게 마지막 안식처가 될 수 있도록 그 싸움터의 땅 한 뙈기를 봉헌하고자 여기 왔습니다. — **죽음**

신의 가호 아래 이 나라는 새로운 자유의 탄생을 보게 될 것이며, 국민의, 국민에 의한, 국민을 위한 정부는 이 지상에서 결코 사라지지 않을 것입니다. — **재탄생**

마틴 루터 킹

'아메리칸레토릭닷컴(americanrethoric.com)'에는 미국 역사상 가장 위대한 연설이 정리되어 있다. 특히 역사상 위대한 연설 TOP100

을 선정했는데 1위가 바로 마틴 루터 킹의 '나는 꿈이 있습니다.' 연설이다. 그만큼 미국 역사에 한 획을 긋는 명연설이었다.

마틴 루터 킹의 연설은 미국 인권 정신이라는 씨앗을 뿌렸고 그로부터 45년 뒤, 버락 오바마 대통령이 그 씨앗을 수확을 했다.

삶 자체가 메시지

우리는 사람을 판단할 때 그가 언행일치를 하는지에 주목한다. 상대방의 진정성을 알기 위해서는 어떤 표현과 어떤 행동을 하는지가 매우 중요하다. 예수가 시대를 초월해 많은 사람들에게 감동을 줄 수 있는 것은 그의 '삶 자체가 메시지'였기 때문이다.

마틴 루터 킹은 암살되기 전까지 13년 동안 민권 운동을 이끌며 600만 마일을 여행하고 2,500회 이상의 연설을 했다. 그는 흑백 인종의 학교 통합, 대중교통 수단과 공공장소에서의 인종 통합, 흑백의 거주지 통합, 흑인의 처우 개선, 흑인의 투표권 확보 등 그것이 무엇이든 흑인의 인권을 향상시키는 것이라면 마다하지 않고 참여하고 실행했다.

생의 후반부에는 저소득층과 노동자에 대한 고용안정, 재정적 지원, 베트남 반전운동 등 시위의 목표를 넓혀갔다. 저격당한 후 그의 시체해부를 집도한 의사는 그가 36세였는데도 불구하고 그 동안의 심신 피로와 스트레스 때문에 심장이 60세 노인의 것과 같았다고 말했다.

마틴 루터 킹은 1964년 노벨평화상을 받았는데, 받은 상금 전부를 가난한 흑인을 위해 기부하면서 많은 사람들에게 감동을 주었다. 노벨평화상을 받은 후 기자회견에서 세계를 변화시키는 힘은 '사랑'이라고 역설하며, 예수의 사랑이 세상을 변화시킨 것처럼 우리의 사랑이 세상을 변화시킬 수 있음을 강조했다.

명확한 의제 설정

마틴 루터 킹은 시대적 상황과 어려움을 정확히 알고 있었고 그것을 극복하는 방법에 대한 신념이 있었다. 그의 삶과 행동은 인권 운동으로 요약된다.

그의 연설 역시 인권이라는 문제에 초점이 맞추어져 있다. 자신의 주장을 분산하기보다는 필요한 곳에서 필요한 말만 압축적으로 했다.

그가 인권 운동에 투신하게 된 것은 아주 우연한 계기였다. 당시에는 버스를 탈 때 앞줄은 백인, 뒷줄은 흑인이 앉는 것이 관행이었다. 서로 앉기 시작해 만나는 지점이 바로 인종의 경계였던 것이다. 어느 날 고된 일과에 지친 흑인 4명이 백인석 바로 뒷줄에 앉았다. 버스가 만원이라 달리 방법이 없었기 때문이다. 두 정거장이 지나자 30대 백인이 탔고 운전사는 흑인들에게 일어나라고 말했다. 백인 1명을 위해 흑인 4명이 일어나야 하는 상황이었다. 그 자리에 있던 흑인 중 한 여성이 그것을 거부했고 결국 경찰에 구금되었다.

그 사건은 몽고메리의 버스 승차 거부 운동을 촉발했다. 그리고 그곳에 부임해 있던 젊은 목사 마틴 루터 킹이 그 운동의 중심에 섰다. 막 부임했던 젊은 목사가 인권 운동 전면에 나선 것은 그곳의 원로 목사들이 위험한 투쟁에 나서기를 주저했기 때문이다. 그의 노력으로 1956년에 버스 승차에 관한 법이 폐지되었다.

그는 그 운동 하나로 끝내지 않고 인권 운동에 전 생애를 바치게 되었다. 1963년에는 버밍햄에서 인종 차별에 저항하는 운동을 벌였다. 그리고 워싱턴에서 '시민권 법안'을 지지하는 워싱턴 행진을 이끌었다. 1964년에는 국회에서 시민권 법안이 통과되었고 노벨평화상을 받았다. 소기의 목적을 달성한 그는 1965년부터 흑인의 선거권 획득을 위한 운동을 펼치게 되었다. 그리고 1968년 암살당했다. 그의 목표는 명확했다. 흑백 통합주의. 그리고 그 방법은 비폭력 무저항주의였다.

키워드 반복

마틴 루터 킹의 연설에는 많은 사례와 비유가 등장한다. 또한 키워드를 반복한다. 반복은 청중에게 메시지가 각인되도록 한다. 일정한 운율과 독특한 음성을 통해 반복효과는 극대화되었다.

어떤 의미에서 우리는, 국가로부터 받은 수표를 현금으로 바꿔야 할 시기에 온 것입니다. 미국을 건국한 사람들은 헌법과 독립선언에 훌륭한 표현들을 써 넣었습니다. 그들은 모든 미국인들이 상속하게 되어 있는 약속어음에 서명을 했습니다. 그 약속어음에는 모든 인간에게 삶과 자유, 행복 추구라는 양도할 수 없는 권리를 보장한다는 약속이었습니다.

그러나 오늘날 미국이, 시민들의 피부색에 관한 한 이 약속어음이 보장하는 바를 제대로 이행하지 않고 있다는 것은 분명한 사실입니다. 미국은 이 신성한 의무를 존중하지 않고, 흑인들에게 부도수표를 주었습니다. 이 부도수표는 자금이 충분하지 않다는 이유로 되돌아옵니다. 그러나 우리는 정의의 은행이 파산했다고 생각하지 않습니다. 우리는 이 나라에 있는 기회의 금고에 자본이 충분치 않다는 사실을 믿지 않습니다. 그래서 우리는 이제 이 수표를 현금으로 바꿔야 할 때에 다다른 것입니다.

이 수표는 우리가 요구하는 바에 따라 충분한 자유와 정
의에 의한 보호를 우리에게 줄 것입니다. 또한 우리는 '바
로 지금'이라고 하는 이 순간의 긴박성을 미국인들에게
일깨우기 위해 이 자리에 모였습니다. 냉정을 되찾으라는
사치스러운 말을 들을 여유도, 점진주의라는 이름의 진정
제를 먹을 시간도 없습니다.

지금 이 순간이 바로 민주주의의 약속을 실현할 때입니다.
지금이 바로 어둡고 외진 인종 차별의 계곡에서 벗어나 햇
살 환히 비추는 인종간의 정의의 길에 들어설 때입니다.
지금이 바로 신의 모든 자손들에게 기회의 문을 열어줄 때
입니다. 지금이 바로 인종간의 '불의'라는 모래 위에서, '형
제애'라는 단단한 바위 위로 올라서야 할 때입니다.

미국 헌법에 나온 인권과 자유에 대한 권리를 약속어음으로 그
리고 그것이 지금 부도수표가 되어가고 있다고 비유하고 있다. 그
리고 지체 없이 바로 지금 현금화하는 것, 즉 헌법 정신에 맞는 자
유와 평등으로 실현되어야 함을 강조한다. 그의 이런 표현은 사람

들에게 현 상황을 더 명료하게 받아들일 수 있게 했다. 추상적인 단어가 아닌 실생활에서 사용하는 단어에 비유했다.

그의 현실 인식은 이제 희망과 비전으로 제시된다. 그리고 반복과 구체적 사례를 통해 메시지를 확고히 했다. 특히 그의 커지는 음성을 통해 효과는 극대화되었다.

나의 친구인 여러분들에게 말씀드립니다. 고난과 좌절의 순간에도 저는 꿈을 가지고 있다고. 이 꿈은 아메리칸 드림에 깊이 뿌리를 내리고 있는 꿈입니다.

나에게는 꿈이 있습니다. 언젠가 이 나라가 모든 인간은 평등하게 태어났다는 것을 자명한 진실로 받아들이고, 그 진정한 의미를 신조로 살아가게 되는 날이 오리라는 꿈입니다.

언젠가는 조지아의 붉은 언덕 위에 예전에 노예였던 부모의 자식과 그 노예의 주인이었던 부모의 자식들이 형제애의 식탁에 함께 둘러앉는 날이 오리라는 꿈입니다.

언젠가는 불의와 억압의 열기에 신음하던 저 황폐한 미시시피 주가 자유와 평등의 오아시스가 될 것이라는 꿈입니다.

나의 네 자녀들이 피부색이 아니라 인격에 따라 평가받는 그런 나라에 살게 되는 날이 오리라는 꿈입니다.

오늘 나에게는 꿈이 있습니다. 주지사가 늘 연방 정부의 조처에 반대할 수 있다느니, 연방법의 실시를 거부한다느니 하는 말만 하는 앨라배마 주가 변하여, 흑인 소년 소녀들이 백인 소년 소녀들과 손을 잡고 형제, 자매처럼 함께 걸어갈 수 있는 상황이 되는 꿈입니다.

오늘 나에게는 꿈이 있습니다. 어느 날 모든 계곡이 높이 솟아오르고, 모든 언덕과 산은 낮아지고, 거친 곳은 평평해지고, 굽은 곳은 곧게 펴지고, 하느님의 영광이 나타나 모든 사람들이 함께 그 광경을 지켜보는 꿈입니다.

탁월한 표현력

반복 구조에 더해 카리스마 넘치는 목소리는 극적인 효과를 주었다. 그는 연설에서 리듬, 억양, 반복법, 크기, 높이, 포즈 등을 적절히 활용하였다. 그런 유사 언어의 적절한 사용을 통해 자신의 메시지를 극대화하고 사람들이 인지하도록 하였다. 따라서 청중은 특정 테마와 구절을 확실히 기억하게 되었다.

　제스처 역시 역동적이었다. 팔을 뻗거나 머리 위로 들어 흔들고, 머리를 흔들며 연설의 메시지 부분을 강조하는 그의 모습은 청중에게 강한 인상을 주었다. 흑인 특유의 안정되고 부드러운 음성 역시 매력적이었다. 그의 육성을 직접 들어보면 속도가 느리다. 그리고 강조해야 할 부분에서는 잠시 멈추고 내용에 몰입할 수 있는 여백을 줌으로써 강한 인상을 심어주었다. 그의 강렬한 목소리와 제스처 등은 그의 삶과 같이 결합됨으로서 사람들에게 깊은 인상을 주었다.

오바마

버락 오바마는 2004년 7월 27일 보스턴에서 열렸던 민주당 전당대회 기조연설을 하기 전까지, 일개 주 상원의원에 불과했다. 심지어 2000년 전당대회 때는 초대도 받지 못해 집에서 TV로 연설을 시청했던 그였다.

　그런 그를 지금의 위치까지 오르게 한 결정적 요소는 바로 '소통 능력'이었다. 아프리카 이민자 아버지와 켄터키 출신 백인 어머니 사이에서 태어난 오바마는 인도네시아와 하와이 등에서 생활하며 다양한 문화들을 접했고, 소통 방식을 체득했다. 또한 수사학의 표현기법을 압축적으로 갖추게 되었다.

뛰어난 의제 설정

말 잘하는 사람들은 이야기를 길게 하지 않는다. 자기가 주장하고 싶은 내용을 압축하여 반복한다. 왜냐하면 청중이라는 사람들은 대체로 들을 준비가 되어 있지 않기 때문이다. 그렇기 때문에 화자가 자신의 주장을 명확히 하고 압축하여 전달할 때, 사람들은 그의 메시지를 기억하게 된다.

의제설정은 단순히 자신이 말하고자 하는 주장을 요약하는 것이 아니다. 시대적 흐름과 청중의 요구를 알고 분석한 후 자신의 주장과 결합시키는 것이다.

오바마는 대선 당시 '통합', '변화', '희망'이라는 의제를 설정했다. 미국은 세계 경찰 국가에서 경제 위기 국가로, 도덕적 우월성을 가지고 있지만 계속되는 인종 문제, 거기에 앞이 보이지 않는 늪 같은 이라크 문제 등으로 자존심에 큰 상처를 받고 있었다. 오바마는 그런 국민적 아픔과 고민을 이해했고, 변화를 통한 희망, 통합이라는 의제를 선포했다. 다시 세계 중심 국가의 위치를 회복하기 위해 도덕적 우월성 회복이 관건이며 그 시작은 사회 통합이라는 메시지였다. 그의 삶 자체가 통합이라는 키워드와 잘 맞아 시너지 효과를 발휘했다.

커뮤니케이션에서 의제 설정은 중요한 부분이다. 미디어가 보도한 의제가 중요하게 다루어지면, 사람들은 그 문제가 중요하다고 인식하며 더 나아가 그와 유사한 문제들에 대해서도 관심을 기울인다. 이것이 의제 설정과 '프라이밍 이론(priming theory)'이다. 일단 선점된 이슈는 쉽게 바뀌지 않는다.

오바마의 연설은 명확했다. 통합, 변화, 희망이라는 이슈는 그의 연설을 관통하며 계속되었다. 2008년 7월 24일 베를린 승전탑에서 했던 그의 연설은 국내를 넘어 세계인의 통합을 위한 메시지였다.

독일인들은 동·서를 가로막고, 자유와 독재, 공포와 희망으로 갈라놓았던 장벽을 무너뜨렸습니다. 이로써 민주의 문들이 열리고 시장도 열렸습니다. 베를린 장벽의 붕괴는 새로운 희망을 가져왔습니다. 그러나 가까워진 지구촌은 새로운 위험도 함께 동반했습니다.

이제 지구촌 이웃들 간의 동반자 관계와 협력은 선택이 아니라 유일한 길입니다. 우리 공통의 안전을 보호하고 삶의 조건을 진보시킬 유일한 길입니다. 그렇기 때문에 우리가 직면한 가장 커다란 위험과 도전은 우리를 갈라놓는 새로운 장벽을 허용하는 것입니다. 부국과 빈국 사이, 토착민과 이주자 사이, 기독교도와 회교도 및 유태교도 사이의 그러한 장벽들을 허용할 수 없습니다. 이것은 미국과 유럽이 왜 자기 내부만으로 향할 수 없는지를 말해주는 이유이기도 합니다.

베를린 시민들이여, 세계인들이여,
지금이야말로 행동해야 할 시간입니다. 우리를 묶고 있는 것은 동시대인들이 공유하고 있는 이상이며 그것을 표현하는 열망입니다. 그것은 공포로부터의 자유며 궁핍으로부터의 해방입니다. 새로운 세대, 우리 세대는 이러한 이상을 실현해나가야 합니다. 우리는 해낼 수 없을 것 같은 이상들을 실현시켜온 존재입니다. 눈은 미래를 향하고, 가슴에는 결심을 품고 우리의 운명에 대답해야 합니다. 그리고 이 세계를 다시 한 번 만들어나갑시다.

오바마는 국내의 통합을 넘어 세계의 통합을 주창하며 자신의 이미지를 '통합 전도사'로 각인시켰다. 45년 전, 1963년 6월 26일 서베를린에서 100만 명의 군중 앞에서 '나는 베를린 시민입니다.'라는 명연설을 한 케네디 대통령을 연상시키기에 충분했다.

청중을 배려하는 자세

소통은 공감대 형성을 통한 설득이다. 상호작용을 하기 위해서는 내 입장이 아닌 상대방 입장에서 이야기해야 한다.

2007년 미국의 한 카운티에서 1시간 간격을 두고 오바마와 힐러리의 대선 유세가 있었다. 이 일화는 두 사람의 소통 방식을 잘 보여주는 사례다.

유세 현장에 오바마가 도착해보니, 100명 정도가 들어갈 강당에 300명 이상이 모여 있었다. 오바마는 1시간 예정이었던 연설을 20분만에 끝냈다. 주로 변화와 희망에 대한 이야기, 자신의 근황 등 가벼운 이야기였다. 연설을 마치고 사람들과 악수하고 사인을 해주며 유대의 시간을 보냈다.

1시간 뒤 도착한 힐러리는 많은 사람들이 모여 있는 것을 보고 흥분했다. 논리적이고 명석한 그녀는 자신의 공약을 친절하게 설명했다. 많은 자료와 근거를 대며 자신의 공약이 얼마나 좋은 것인지 설명했다. 무려 1시간 30분 동안 말이다. 연설이 끝난 후 300명의 청중은 반 이하로 줄어 있었다.

소통과 스피치는 상황 의존적이다. 가장 바보스러운 사람은 자신이 준비한 원고를 그냥 읽는 사람이다. 당연히 그 장소와 시간, 청중의 상태를 파악해야 하고 말을 할 때는 상대방의 눈을 보며 서로 교감해야 한다. 오바마는 좁은 공간에 불편하게 들어차 있는 사람들에게 아무리 좋은 이야기를 해봐야 제대로 들리지 않고 불편할 것임을 알았다. 빨리 연설을 마치고 그들 안으로 들어가 스킨십을 하는 것이 더 효과적이라는 것을 간파한 것이다. 청중을 배려해서 말하면 청중은 연사에 대한 좋은 인상을 갖게 되고, 후에 그 사람에 대해 관심을 갖고 접근한다.

반복 효과

오바마 역시 자신의 메시지를 반복하며 독특한 억양으로 사람들의 마음속에 파고 들었다. 오바마는 아이오와 전당대회에서 승리한 후 다음과 같이 말했다.

You know, they said-they said-they said this
day would never come.

인상적인 리듬과 어구를 반복해서 사용했다. 많은 평론가들은 이 연설의 패턴과 템포가 과거 1963년 마틴 루터 킹의 연설과 유사하다고 분석했다. 오바마는 마틴 루터 킹의 말투를 모방한 것이다. "그의 경쾌하고 열정적인, 딱딱 끊어지는 반복이 그대로 나타난다."고 〈뉴욕타임스〉는 전했다. 〈미러〉도 "그의 연설은 바로 마틴 루터 킹의 전형적인 스타일"이라고 보도한 바 있다.

그 둘의 공통점은 문장 첫 부분에서 어구를 반복하는 점이었다. 어구의 적당한 반복은 주의를 집중시키고 메시지를 각인시켜 오래 기억에 남는다. 마틴 루터 킹의 경우 "Now is the time to…" "We can never be satisfied as long as…" "I have a dream that one day…" "Let freedom ring from…" 같은 어구를 반복했다. 오바마도 다음 다섯 개의 어구 "We were promised… and we got…" "And that is why…" "A party that…" "I'm in this race to…" "I am running for President because…" "I don't want to see…"를 반복해서 사용했다.

또한 'YES WE CAN' 'CHANGE' 'ONE VOICE' 'AMERICAN' 등의 핵심 키워드를 반복했다. 그를 스타로 만든 2004년 민주당 전당대회에서도 미국인임을 반복 강조했다.

> 진보 미국인, 보수 미국인으로 불리는데, 아니다.
> 우리에게는 미국인만 있을 뿐이다.
> 백인계 미국인, 히스패닉계 미국인, 아시안계 미국인 등이
> 있다고 하는데, 아니다.
> 우리는 미국인이다.

반복은 자극이 되어 사람들의 뇌리에 각인된다. 또한 반복을 통한 독특한 리듬은 사람들에게 감동으로 준다. 많은 정보 중 중요한 것의 반복과 운율은 그 어떤 방법보다 효과적이다. 반복은 소통을 잘하는 사람의 전매특허 같은 것이다. 단순한 어구 반복이 아니라, 전체 그림을 생각하며 적절한 지점에서 반복한다.

특출난 표현력

잘생긴 외모나 좋은 목소리 같은 이미지적 요소들은 설득에 상당히 효과적이다. 사람들은 연설을 들을 때 분석하면서 듣지 않는다. 이미지로 받아들이고 그저 느낄 뿐이다. 내용도 중요하지만 내용을 전하는 그릇이 중요한 이유다. 깔끔한 외모와 의상이 주는 이미지와 함께 적절한 제스처는 사람들에게 긍정적인 느낌을 준다.

우선 '음성'적인 부분을 보자. 중저음의 안정적인 톤은 흑인 특유의 능력이겠지만 그의 유사 언어(속도, 크기, 톤, 포즈, 억양 등) 능력은 후천적인 노력의 결과다. 특히 그는 일시정지(pause)를 활용할 줄 알았다. 성격이 급한 사람은 청중의 반응에 대한 고려 없이 폭주 기관차처럼 자신의 말만 되풀이한다. 일시정지는 청중과의 완급 조절이며 극적인 효과를 주는 방법이다. 청중 입장에서도 천천히 말을 하면 듣기 편하고 내용을 이해할 시간을 가질 수 있다. 〈블룸버그 비즈니스위크〉에서도 일시정지를 통한 그의 완급 조절

오바마의 연설을 분석해보면
'링컨의 콘텐츠', '마틴 루터 킹의 연설 기법', '존 F. 케네디의 표현 스타일'을 골고루 담고 있다.

훌륭한 타협과 훌륭한 법은
마치 훌륭한 문장과 같다.
또는 멋진 음악과도 같다.
모든 사람들이 그것을 알아볼 수 있다.
사람들은 "오호, 좋아, 말 되네."라고 말한다.

_ 오바마

능력을 높이 평가한 바 있다.

혼혈계의 잘생긴 외모와 미소 그리고 적절하고 세련된 의상 역시 그의 이미지를 극대화했다. 약간 마른 체형의 모습을 짙은 색의 양복과 넥타이로 보완하며, 항상 푸른 계통의 셔츠로 젊은 이미지를 주었다.

그의 제스처와 움직임 역시 높이 평가할 만하다. 특히 그는 무엇인가 강조하고자 할 때 오른손을 들어 집는 듯한 제스처를 사용한다. 변화, 희망, 통합을 이야기 할 때 늘 오른손을 올려 강조한다.

오바마는 간혹 프롬프터를 사용하기도 했지만, 사람들은 거의 알아채지 못했다. 다른 사람이 프롬프터를 사용하면 읽는다는 느낌이 들지만 그는 달랐다. 온몸을 자연스럽게 움직이며 양쪽으로 바라보았기 때문에 전혀 어색하지 않다. 또한 연설을 할 때 늘 청중을 바라보았다. 눈을 맞추며 자신의 진정성을 청중에게 전달하고 청중의 상태를 점검했다.

연단 위에서 그의 동선 역시 역시 남달랐다. 그는 연설하는 공간을 연단으로 한정하지 않았다. 여건이 허락하는 한에서, 청중 앞으로 다가가기도 하면서 무대 전체를 활용했다. 에드워드 홀 (Edward T. Hall)에 의하면 사람들은 저마다 자기의 영역이 있기 때문에 소통함에 있어 적절한 거리를 유지하는 것이 중요하다. 이것이 '공간 언어 이론'이다. 사람들은 친밀해질수록 거리가 가까워

질 수밖에 없다. 오바마는 연단에서 이야기하다가 서서히 청중 앞으로 다가갔다. 연설 말미에는 청중 속에서 자신의 메시지를 전하는데, 청중은 묘한 긴장감과 함께 그에게 친근감을 느꼈다. 그는 '공간 언어 이론'을 적극 활용한 것이다.

이런 오바마의 탁월한 연설 능력은 결코 선천적인 것이 아니라 꾸준한 노력과 모니터의 결과였다. 오바마가 케네디 대통령의 연설 스승이었던 테드 소렌슨(Ted Sorensen)을 영입하고자 노력한 걸 보면 그가 얼마나 연설 연습에 열정적이었는지 알 수 있다. 테드 소렌슨은 20대의 나이에 40대 존 F. 케네디의 스피치를 가르쳤으며 그 당시 최초의 TV 토론을 성공적으로 이끈 스피치라이터로 유명하다.

뛰어난 스토리텔링

스토리텔링은 이야기 구조만큼이나 구어체 표현이 중요하다.

구어체 +	**이야기 구조** =	**스토리텔링**
(자연스러운 억양과 리듬/표현 능력)	(서사/사례)	

우선, 스토리텔링을 제대로 구사하기 위해서는 최대한 구어체로 자연스럽게 이야기하는 것이 중요하다. 청중을 보며 이야기하

는 것이 아니라 주어진 원고를 읽는 수준에 그치는 정치인들을 종종 볼 수 있다. 일명 '방아쩧기식 연설'이다. 이런 연설을 통해서는 청중과 소통할 수 없다. 오바마는 원고를 보면서도 자연스럽게 말하는 기술을 가지고 있었다.

그의 유창함은 미국 언론이 모두 인정한 부분이다. 즉흥적 연설에 있어서도 단어 선택과 그에 맞는 비언어적 요소들은 압권이었다. 그는 자신이 가진 콘텐츠와 메시지에 대한 정확한 이해 그리고 그것을 요약하여 말하는 능력이 뛰어났다. 더구나 그는 정치인으로서 수많은 토론과 연설 등을 통해 표현 능력을 진화시켰다. 일단 방향을 잡은 후, 무조건 많이 해보면서 본인의 표현 능력을 놀랄 정도로 향상시켰다.

스토리텔링에 있어 이야기 구조를 가지고 있느냐는 당연히 중요한 부분이다. 짜임새 있는 서사와 적절한 사례 등은 청중의 마음을 사로잡는다. 대부분의 연설은 문제 제기, 대안의 방향 제시 및 그 방향을 잘 보여주는 사례로 이루어진다. 즉 '현실 인식/사례', '대안 제시/사례'의 순서를 즐겨 사용한다. 객관적이고 논리적인 자료보다 실제 발생하고 있는 사례가 훨씬 효과적이기 때문이다.

버락 오바마. 그는 계속해서 진화하는 연설가였다. 말을 잘하도록 타고난 사람이라기보다는 학습 능력이 뛰어난 사람이었다. 오바마의 연설을 분석해보면 '링컨의 콘텐츠', '마틴 루터 킹의 연설

기법', '존 F. 케네디의 표현 스타일'을 골고루 담고 있다. 그의 연설에는 명확한 키워드, 사례가 들어간 스토리텔링, 음성 비언어의 완급 조절이 모두 조화롭게 녹아 있다. 오바마가 스토리텔링을 좀 더 발전된 형태로 응용한 사례를 하나 살펴보자.

2015년 6월 미국 사우스캐롤라이나주 찰스턴의 한 흑인교회에서 총기 난사사건이 발생했다. 그리고 그 장례식장에서 오바마가 연설을 하는데, 인종 문제에 대한 성찰과 그 정치적 의미를 짚어보는 내용이었다. 그런데 그는 연설 도중 잠시 멈칫거리다가 노래를 불렀다. 바로 '어메이징 그레이스(Amazing Grace)'였다. 영국 성공회 존 뉴턴(John Newton) 신부가 흑인 노예무역에 관여했던 자신의 과거를 후회하고 이 죄를 사해준 신의 은총에 감사한다는 내용의 찬송가다. 오바마는 노래를 부르면서 흑인들에게 치유의 메시지를 전했다. 그리고 마지막으로 희생된 사람들의 이름을 일일이 호명하며 청중과 함께 호흡했다.

22

스피치의 기본 원칙
ISO

사람들의 기억에 남는 말하기

우리는 학교에서, 직장에서, 협상 테이블에서 수많은 말을 듣는다. 그 와중에 어떤 말은 오래도록 기억에 남고 또 말은 전혀 기억나지 않는다. 이는 냉정히 말해, 나의 말 역시 누구의 기억에도 남지 않을 수 있다는 뜻이다. 그렇다면 그 둘의 차이는 무엇일까? 물론 화자의 공신력, 이미지도 중요하겠지만 얼마나 알찬 내용이 어떤 구조로 담겨 있는가에 달려 있을 것이다.

생각해보자. 아무리 매력적인 사람이라도 연단에 서서 말도 안 되는 소리를 하면 어떻게 보일까? 그가 원래 가지고 있던 이미지

마저 안 좋아질 것이다. 반면, 보이는 외형적 이미지는 좀 부족하지만 품성과 인격이 묻어나는 말하기를 하는 사람이 있다면, 그의 연설이 끝날 때 즈음에는 그의 이미지가 한층 좋게 보일 것이다. 말은 나의 품격이며 나의 생각과 지식을 밖으로 내보이는 외화(外化)이기 때문이다.

고대 그리스 철학자와 수사학자들이 논리적 말하기에 신경을 쓴 것도 다 이런 이유 때문이다. 내가 이 발표를 통해 전하고자 하는 메시지를 제대로 전달하기 위해서는 논리적인 구조가 필요하다.

이에 효과적인 방법을 하나 제시한다. 바로 ISO다. 모든 스피치의 가장 기본적인 원칙이자 방향으로 삼을 수 있는 방법이다.

Impact: 임팩트

말을 하거나 구조를 잡을 때는 강한 임팩트가 필요하다. 특히 말을 함에 있어, 서론은 무엇보다 중요하다. 우리는 종종 내 이야기를 상대방이 긍정적으로 다 들어줄 거라 착각하지만, 천만의 말씀이다. 다 들어주지 않을뿐더러 관심도 없을 수 있다. 그렇기 때문에 앞부분을 어떻게 시작해서 청자의 주목도를 높일지 마지막까지 고민해야 한다. 방송 프로그램을 시청하다가 재미가 없으면 채널을 바꾸는 것과 같은 이치다.

사람들은 기다려주지 않는다. 따라서 구조상 앞부분에 크게 흥미로운 이야기가 있든지, 공감대를 형성하든지 혹은 중요한 정보가 등장하든지 해야 한다. 정보일 경우에는 그 정보의 영향력, 현실성, 희소성에 대한 부분을 고민해야 한다. 말한 내용을 정리한 원고를 보며 임팩트 있는 부분을 앞부분에 어떤 방식으로 배치해야 할지 고민해야 한다.

Short: 간결함

구조의 단순화는 필수다. 여러 번 강조했듯이 하고 싶은 말은 구어체로 짧고 명료하게 해야 한다. 구조 역시 단순하고 명확한 것이 좋다.

스티브 잡스의 상품 론칭 프레젠테이션은 2시간이 넘지만 지루하거나 복잡하지 않았다. 그는 피아식별 구조를 즐겨 사용했다. 항상 애플과 대척점에 있는 회사를 언급하며 선과 악의 구도로 만들었다. 명연설가들의 연설문을 분석해보면 다음과 같이 명확한 구조를 가진다.

링컨 탄생 – 죽음 – 재탄생

오바마 사례 – 문제 제기 – 대안 제시 – 사례

마틴 루터 킹, 케네디 키워드 – 사례 – 키워드 – 사례

Origin: 오리진

핵심이 되는 나만의 이야기, 나만의 구조를 가지고 있어야 한다.

결국 콘텐츠가 가장 중요하며 구조의 핵심이라고 할 수 있다. 설령 구조가 아무리 좋다고 하더라도 내용 자체가 빈약하다면 한계가 있다. 하지만 살짝 중언부언하더라도, 콘텐츠 자체에 진정성이 있는 오리진이라면 전달받는 사람은 감동을 느낀다.

연설의 구성 원리

아리스토텔레스는 사안 설명과 근거 제시가 가장 중요하다고 강조하며, 연설의 기본 구조를 다음과 같이 설명했다.

들머리 - 사안 설명(정황 묘사) - 주장의 근거 제시 - 마무리

들머리에서는 상대방의 호감을 사고 관심을 끌어야 한다. 그리고 앞으로 무슨 이야기를 할지 예고한다. 사안 설명 단계에서는 일상에서 있을 법한 것을 명확하고 간결하게 설명해야 한다. 이때 개연성이 반드시 있어야 한다. 주장의 근거를 제시할 때는 생략삼단논법이 필요하다. 더불어 사례를 통한 예증법을 들어준다. 그리고 마무리에서는 요약하고 강조하며 감정을 고조시킨다.

아리스토텔레스 뿐만 아니라 키케로, 퀸틸리아누스 등 수사학자들이 저술한 수사학 교재 역시 자체적으로 완결된 피라미드 형

식의 체계를 가지고 있다. 그들이 얼마나 체계적으로 연설을 준비했는지 알 수 있다. 수사학 교재는 거의 대부분 다음과 같은 목차로 구성되어 있다.

연설의 생산과정 착상 – 배열 – 스타일 – 기억 – 발표

연설의 종류 대중, 법정, 식장 연설

연설의 구성 들머리 – 사안 설명 – 논증

논쟁의 쟁점 처지 이론, 구조 이론

표현 원칙 정확성, 명확성, 적절성, 장식성

문체의 종류 단순체, 중간체, 숭고체

이처럼 수사학에서는 말을 할 때 체계적이고 논리적인 구조를 가져야 함을 강조한다. 무턱대고 말하기보다는 상황과 청중을 고려해 미리 준비하고 말하는 것이 훨씬 설득에 있어 효과적이라는 의미다. 내가 뱉은 말은 나의 인격은 물론, 상대에 대한 나의 태도까지 보여주는 지표다. 이러한 이유로 말하기 전에 깊은 고민과 생각은 필수적이다.

최고의 설득술도
사용하는 사람에게 달려 있다

소피스트는 사실 좀 심했다. 지식을 전파한 그들의 공로는 인정할 만하지만. 초기 소피스트들은 수단과 방법을 가리지 않고 목적을 달성하기 위해 혈안이 되어 있었다. 그들의 목적은 단 하나, 재판에서 이기는 것이다. 따라서 배심원단의 특성을 분석하고, 먹히는 말이 무엇인지 고민하고, 연기까지 배웠다. 나의 논리를 다양한 기술을 통해 설득시켰다. 한발 후퇴하고 양보하는 것처럼 보이지만, 실상은 자신의 목적 달성을 위해 호감을 얻으려는 전략이었다.

처음에는 사람들의 호감을 얻어내고 그것을 바탕으로 그들의 태도에 변화를 이끌었다. 한마디로 내 위주, 내 중심의 설득법이었다. 그들에게 지는 것은 있을 수 없었다. 어떤 방법을 사용하든지 논쟁에서 이기고 목적을 달성했다. 그렇게 목적을 달성하는 것에만 집착하다 보니 그것이 진리라고 착각하는 경우도 생겼다. 진정한 소통, 진정한 청중 중심이 아닌 '전략적 소통'이었다.

물론 시간이 지나면서 아리스토텔레스를 통해 소피스트의 문제점이 지적되었고, 보완되어 학문으로 자리 잡았지만 초기 소피스트들은 좀 너무한 면이 분명 있었다.

그런데 지금 우리 주변을 둘러보면, 초기 소피스트 같은 사람들이 넘쳐난다. 회사에서, 가정에서, 사회에서, 정치권에서… 그들은 국민과 직장과 가정을 위한다고 하지만 실상은 자신들의 목적만을 절대가치로 여기고 밀어붙이고 있다.

커뮤니케이션 기업 대표 주디스 E. 글래이저(Judith E. Glaser)는 대화 지능을 3단계로 말한다.

1단계는 '말하기/묻기' 단계다. 내가 알고 있는 것을 확인하는 것이다. 일명 'tell-sell-yell'이다. 내 생각을 말하고 또 말하고 그리고 고함친다. 이 단계는 상당히 권위적인 수준으로 모든 것을 내 위주로 생각한다.

2단계는 '방어와 설득' 단계다. 상대방을 설득해서 내 의견에 동조하도록 만든다. 문제는 상대방의 의견을 듣기는 하지만 나의 주장에 빠져 있기 때문에 일방적인 설득에 집중되어 있다. 즉 1, 2단계는 소피스트의 의사소통 방식이다. 상대를 고려하지 않고 상대를 이용하는 커뮤니케이션이다.

가장 이상적인 3단계는 '공유/발견' 단계다. 서로의 교감을 통해 공동의 가치를 발견하고 신뢰와 공감을 쌓아가는 것이다.

내 가치만 중요하고 맞다고 생각하면 '나는 항상 옳다.'고 여기게 된다. 그러면 도덕적 우월성에 취하게 된다. 내가 하는 판단과 행동이 가장 도덕적이며 옳다고 믿게 되는 것이다. 그리고 상대를 비판하게 된다.

"나는 이렇게 노력하는데, 너는 왜 그러니?"

무자기 사무사(無自欺 思無邪)
스스로를 속이지 말고, 생각에 사특함이 없어야 한다.

이는 퇴계 이황을 비롯한 훌륭한 학자들이 평생의 좌우명으로 삼았던 말이다. 그러나 다시 생각해보면, '나는 사심이 없다.'는 생각은 상당히 무서운 것이다. 높은 지위에 있는 리더가 이런 마음을 가지면 자칫 조직이 경직될 수 있다. 물론, '무자기' 없이 '사무사'만 생각하는 경우일 때 그렇다. 나는 사심이 없다고 생각하면 도덕적 우월성을 가질 수밖에 없다. 자신은 절대 실수하지 않는다고 여기게 되기 때문이다.

히틀러는 "기독교인으로서 그 누구도 기만하지 않는다."라고 말했으며, 사담 후세인(Saddam Hussein)은 "타인을 미워하지 말라."는 연설을 했다. 특히 정치권에서 자주 듣는 말이 있지 않은가. "나는 오직 국민만을 위해 일한다." 그럼 다른 정치인들은 본인만을 위해 일한다는 말인가?

인간은 절대로 사심이 없을 수 없다. 그러기 위해 부단히 노력할 뿐이다. 나의 주장만이 옳다는 소피스트식 생각을 버리고, 상대의 주장을 경청하며 공동의 가치를 찾기 위해 노력해야 한다. 결론적으로 상대와 교류하고 공감하는 것이 서로를 위해, 나 자신을 위해 더 유익한 것이다.

분명 소피스트가 알려준 수사학의 기술은 유용하며 효과적이다. 인류 최고(最古)의 설득술임에 틀림이 없다. 하지만 그것을 사용하는 사람의 마음이 준비되어 있지 않으면, 다른 사람에게 상처를 주는 칼이 될 수 있다. 결국 기술은 그것을 사용하는 사람에 달려 있는 것이다. 후마니타스의 소양을 갖춘 사람이 청중을 아끼는 마음으로 수사학을 사용할 때, 소통의 훌륭한 도구로 활용될 수 있을 것이다.

그리고 이 생각에는 소크라테스, 플라톤, 아리스토텔레스, 키케로 그리고 소피스트 모두 동의할 것이다.

김은성

'2012 SERI CEO 명강사' '2009 교육부 선정 베스트 강사'로 선정됐으며, '삼성 언론상' '한국아나운서대상 앵커상' '한국어문상' 등을 수상한 스피치 분야의 권위자이다.

경희대 철학과를 졸업하고, 경희대 언론정보대학원에서 저널리즘 석사, 스피치 커뮤니케이션 박사학위를 받았다. KBS 공채 24기 아나운서로 현재까지 21년 동안 뉴스 앵커 등으로 활동하고 있다. 서울대, 경희대, 성균관대 등에서 객원교수와 초빙교수를 역임했다. 삼성경제연구소 SERI CEO에서 7년째 '파워 스피치' 강의를 진행하고 있다.

《마음을 사로잡는 파워스피치》《오바마처럼 연설하고 오프라처럼 대화하라》《리더의 7가지 언어》《이 남자가 말하는 법》《나는 더 이상 상처받고 싶지 않다》 등 12권의 저서가 있다.

이메일 silverstar@kbs.co.kr